DOMENICO GENTILE

COOKING ITALY

FOODBLOG TRAVELING

La Tradizione

DIE KÜCHE
DER NORDITALIENISCHEN
HAUSFRAUEN

Trentino-Alto Adige
Lombardia
Piemonte
Veneto
Friuli Venezia Giulia
Liguria
Emilia-
Romagna

Die besten Rezepte aus

Norditalien

La Tradizione

DIE TRADITIONELLE KÜCHE NORDITALIENS

Dort, wo Mammas, Nonnas, Tanten oder generell Hausfrauen Speisen für die Familie, Freunde und Verwandte zubereiten, beginnt der Ursprung der traditionellen Küche. Das sind Familienrezepte, die von Generation zu Generation weitergegeben werden. Wie schon in meinem Buch „Casalinga" geht es um Rezepte und Gerichte, die die italienische Küche seit vielen Jahrzehnten prägen.

Dieses Mal führt mich meine Reise in den Norden von Italien. Der Norden ist den Menschen überall auf der Welt viel bekannter und geläufiger als der Süden. Seit Jahrzehnten ist gerade Norditalien für viele Deutsche ein beliebtes Reiseziel. Den Gardasee, den Lago Maggiore, Mailand, Venedig, Bozen, Meran und die Dolomiten kennt jeder. Kurz hinter dem Brenner beginnt für die meisten Reisenden bereits der Urlaub in Bella Italia.

So ist es kein Wunder, dass es viele der typischen Gerichte aus diesen Regionen zu großer Beliebtheit in Deutschland und vor allem in italienischen Restaurants in Deutschland geschafft haben.

Auch wenn ich das Rad nicht neu erfinde, werde ich in diesem Buch gerade auf diese Klassiker aus den Regionen eingehen und habe mir hierzu immer eine Person gewählt, die eins der bekannten Gerichte genau erklärt. Ich suche nicht die Gerichte, die in staubigen Kochbüchern seit Jahren vor sich hin schlummern, sondern die allerwichtigsten zehn bis elf Gerichte aus jeder Region.

So führt mich meine Reise von Südtirol über Friaul-Julisch Venetien, von dort weiter ins Veneto, in die Lombardei, in die Emilia Romagna, nach Ligurien und ins Piemont.

Ich treffe auf dieser Reise einmal mehr Hausfrauen, besuche kleine Familienbetriebe und traditionelle Köche, reise in schöne Orte und mache dieses Kochbuch zu meinem persönlichen Reiseführer mit wunderbaren Rezepten aus der traditionellen Küche Norditaliens.

Viele dieser Gerichte kennen Sie sicher und sie sind Ihnen woanders schon mal begenet. Ich möchte hier aufräumen mit Mythen über Gerichte, die man seit vielen Jahren in Deutschland leider nie im Original richtig gemacht hat.

Das sind Klassiker wie ein Ragù alla bolognese, Tortellini alla panna, eine originale Lasagne, die man in Italien nur nach ganz bestimmten Vorgaben findet, die von der Accademia Italiana della Cucina, der italienischen Kochadademie, festgelegt werden. Die Akademie hat es sich zur Aufgabe gemacht, die gastronomische Tradition Italiens zu bewahren.

Genau wie im Süden kocht man in Norditalien eine ganz regional abhängige Küche. Unzählige Pastasorten, Fleischsorten, Saucen und Zubereitungsarten, die man von Region zu Region ganz unterschiedlich macht.

Meine Reise geht weiter und ich freue mich, wenn Sie mich auch jetzt wieder so zahlreich begleiten.

Helfen Sie mir, auch dieses Mal die Küche Italiens so authentisch und einfach wie möglich zu verbreiten.

Das ist kochen, wie es unsere Großmütter und Mammas schon seit jeher in Italien machen. Einfach, aber gut.

Semplice ma buono!

Domenico Gentile

ANTICA OSTERIA

DIE KÜCHE Norditaliens

Die „italienische Küche", wie man sie hierzulande kennt und die einem oftmals in italienischen Restaurants außerhalb von Italien angeboten wird, findet man so in Italien in der Regel gar nicht.

Genau wie in allen anderen Ländern der Welt gibt es auch und vor allem in Italien große regionale Unterschiede. Zum einen liegt das an den klimatischen Gegensätzen zwischen dem Norden, der von den auslaufenden Alpen geprägt ist, und dem Süden mit seinem heißen Meeresklima. Natürlich merkt man auch heute noch das große wirtschaftliche Gefälle zwischen Nord- und Süditalien. Während es im Norden viel Industrie, aber auch einen erheblich größeren Anteil an Tourismus gibt, sind es meist die Süditaliener, die ihre Heimat verlassen, um im Ausland oder eben im Norden Italiens zu arbeiten. Daher ist die süditalienische Küche eher geprägt von „Arme Leute"-Gerichten und Gerichten, die mit wenigen Zutaten auskommen mussten.

Im Norden Italiens spürt man ganz klar den Einfluss der Nachbarländer. Südtirol, das bis 1918 zur Habsburgermonarchie Österreich-Ungarn gehörte, wurde auch kulinarisch von diesem Einfluss geprägt. Knödel, Krapfen oder Kaiserschmarrn sind von den Speiseplänen nicht wegzudenken. Brot spielt ebenfalls eine große Rolle – jeder kennt das Schüttelbrot. Und die Südtiroler Weine sind von außergewöhnlicher Qualität. Die Küche Südtirols unterscheidet sich wohl am meisten von der aller anderen Regionen Italiens.

Im äußersten Nordosten liegt die Region Friaul-Julisch Venetien, die italienische Kaffeeregion. An der Grenze zum ehemaligen Jugoslawien (heute Slowenien) gelegen finden sich noch Gerichte, deren Namen von dort stammen und die auch dort zu finden sind (z. B. der Eintopf Jota). Im Friaul wird die einfache Küche bevorzugt. Polenta ist wie überall im Alpenraum gegenwärtig. Bekannteste Spezialität ist der San-Daniele-Schinken.

Im Veneto mit seinen geschichtsträchtigen Orten Venedig, Padua und Vicenza spielen vor allem Reis, der in der Po-Ebene angebaut wird, und Stockfisch eine große Rolle in der Küche.

Die Emilia-Romagna steht für die Produktion von Parmaschinken, Aceto di balsamico aus Modena und natürlich Parmesan (Parmigiano reggiano). Und keine Region ist reicher an hausgemachten Pastagerichten.

In Ligurien, wo die Berge bis zum Meer hinunterreichen, dominieren Fisch, Oliven, Gemüse und frische Kräuter in der Küche. Das Pesto genovese gehört zur Pasta genauso wie zur Minestrone. Der Nizzasalat aus Sanremo lässt die Nähe zu Frankreich deutlich erkennen.

Aus Mailand, Hauptstadt der Lombardei und Industrie- und Handelszentrum Italiens, stammt das Risotto alla milanese; es wird zum Ossobuco serviert. Auch eine einheitliche lombardische Küche gibt es nicht, dazu sind die neun Provinzen zu verschieden.

Im Piemont, der Gebirgsregion mit Wäldern und Weiden, spürt man ganz klar die Alpenküche. Das Bollito misto kommt von hier und die begehrteste aller Delikatessen, der weiße Trüffel aus Alba.

Im Unterschied zu Süditalien, wo sehr oft Schwein auf dem Speiseplan steht, wird im Norden gerne Rindfleisch serviert. Ein klares Kennzeichen der norditalienischen Küche ist die Verwendung von Butter, Sahne und Milch, wohingegen der Süden meist mit Olivenöl kocht. Frische Pasta mit Eiern sind im Norden ebenso beliebt wie viele verschiedene Weichkäsesorten, die es sonst in dieser Hülle und Fülle eben nur in Bergregionen gibt.

In Norditalien findet man zwar die weltweit bekanntesten „italienischen Gerichte", die am Ende aber doch wieder auf einzelne Regionen zurückzuführen sind.

„Il ragù alla bolognese", „Lasagne alla emiliana", „Tortellini alla panna", „Vitello tonnato" und „Risotto alla milanese", um wirklich nur ein paar wenige Beispiele zu nennen, haben es zu Weltruhm geschafft.

DIE BESTEN REZEPTE AUS

Trentino-Alto Adige

HIER SPRICHT MAN DEUTSCH UND ISST ÖSTERREICHISCH

Mit dem Einfluss von Österreich ist die Küche Trentino-Südtirols näher an der deutschen Küche wie kaum eine andere. Wichtige Zutaten der Küche sind allen voran Getreide, Kohl, Rüben, Äpfel und eine unglaubliche Vielzahl an verschiedenen Käsesorten. Gerne werden auch geräucherte Fleischsorten, hier heißen sie Selchfleisch, verwendet und es finden sich viele verschiedene Suppen auf den Speisekarten von Meran, Bozen und allen anderen Teilen der Region. Krapfen, ob süß oder salzig, und eine der wichtigsten Speisen überhaupt, die Knödel, gibt es in unzähligen Variationen.

Gerstsuppe

MINESTRA D'ORZO

Früher mal ein Gericht der armen Leute, ist die Gerstsuppe, Gerstlsuppe oder Graupensuppe heute von keiner Speisekarte in Trentino-Südtirol wegzudenken. Oft wird sie als Vorspeise serviert, doch gerade bei den Einheimischen gibt es an kalten Tagen diesen Eintopf auch als Hauptspeise. Vor allem im Pustertal kombiniert man die Gerstsuppe gerne mit Tirtlan. Bei einer echten Törggelen-Mahlzeit im Herbst, wenn der neue Wein verkostet wird, darf die Gerstsuppe nicht fehlen.

ZUTATEN

100 g Graupen
ca. 150 g Kassler mit Schwarte
1 kleines Stück geräucherter Bauchspeck
1 kleine Zwiebel
1 Möhre
2 kleine Kartoffeln
1 EL Mehl
Salz
Pfeffer aus der Mühle
2 EL Sahne

Zubereitungszeit: ca. 2 ½ Std.
Portionen: 4

ZUBEREITUNG

1 Die Graupen, das Kassler und den Bauchspeck in 1 ½ l Wasser geben und 2 bis 2 ½ Stunden garen.

2 Zwiebel, Möhre und Kartoffeln schälen und in kleine Würfel schneiden. 30 Minuten vor Ende der Garzeit das Gemüse zum Schweinebauch geben und weich kochen. Den Schweinebauch und Bauchspeck herausnehmen und in Würfel schneiden. Wieder in die Suppe geben.

3 Das Mehl mit etwas kaltem Wasser in einer Tasse verrühren und 15 Minuten vor Ende der Garzeit in die heiße Suppe geben. Kurz aufkochen lassen. Zum Schluss mit Salz und Pfeffer würzen und die Sahne unterrühren.

TIPP: Wie der Name schon sagt, ist die Grundzutat dieser wärmenden Suppe Gerste. In Rezepten wird sie auch als Rollgerste – das sind ganze Körner –, Perlgraupen – geschnittene Körner – oder einfach Graupen bezeichnet. Für die Zubereitung der Suppe kann man beides nehmen.

Tirteln

TIRTLAN

Tirteln oder auch Tirtlan stammen aus dem Pustertal und werden häufig zusammen mit der Gerstsuppe serviert. Das ist ein Gericht, von dem ich als Süditaliener bis dahin noch nicht einmal gehört hatte. Bei einem Abendessen mit Freunden habe ich zum ersten Mal Bekanntschaft mit Tirteln gemacht und war sofort begeistert. Es gibt übrigens viele Namen für das Schmalzgebäck: Türteln, Tirschtln, Tirschtlan oder Tutres auf Ladinisch – diese Sprache wird noch in einigen Alpentälern Norditaliens gesprochen.

ZUTATEN

Für den Teig:

100 g Roggenmehl

150 g Weizenmehl

1 EL Öl

1 Ei

etwas lauwarme Milch

Salz

Für die Füllung:

30 g Zwiebel

250 g Quark (Topfen)

100 g Kartoffeln

1 EL Butter

1 EL Schnittlauchröllchen

Salz

Pfeffer aus der Mühle

Pflanzenfett zum Frittieren

Zubereitungszeit: ca. 1 Std.

Portionen: ca. 10 Stück

ZUBEREITUNG

1 Für den Teig beide Mehlsorten, Öl, Ei, Milch und 1 Prise Salz miteinander vermischen und alles zu einem glatten, geschmeidigen Teig verkneten. Zugedeckt ca. 30 Minuten ruhen lassen.

2 Für die Füllung die Zwiebel schälen und fein hacken. Den Quark in einem Küchentuch abtropfen lassen. Die Kartoffeln schälen und in Salzwasser garen. Abgießen und durch die Presse drücken.

3 Die Butter erhitzen und die Zwiebel darin kurz dünsten, erkalten lassen. Quark, Kartoffeln und Schnittlauch dazugeben und mit Salz und Pfeffer abschmecken.

4 Den Teig in kleine Portionen teilen und dünn etwa handtellergroß ausrollen. Die Füllung jeweils in der Mitte darauf verteilen und mit einem Teigblatt bedecken, die Ränder gut andrücken und mit dem Teigrädchen abradeln.

5 Das Pflanzenfett erhitzen und die Tirteln darin ausbacken, bis sie auf beiden Seiten hellbraun sind. Auf Küchenpapier abtropfen lassen.

TIPP: Das Südtiroler Schmalzgebäck wird je nach Region auch mit anderen Füllungen zubereitet: mit Spinat oder Sauerkraut, aber auch mit Süßem wie Marmelade oder Preiselbeeren.

Speckknödel nach Waltraud Eder

CANEDERLI ALLO SPECK

Es gibt keine Familie, die nicht ihr eigenes, persönliches Rezept für diese Speckknödel hat. Sie sind der Inbegriff der Südtiroler Küche und schmecken einfach hervorragend. Dabei ist es auch vollkommen egal, ob man sie in einer Suppe oder mit Salat genießt.

ZUTATEN

300 g Weißbrot (mindestens 2 Tage alt)

3–4 Eier

250 ml Milch

Salz

je 1 EL klein geschnittene Petersilie und Schnittlauch

ca. 20 g Mehl

1 Zwiebel

1 kleine Knoblauchzehe

150 g Speck (leicht geräucherter Bauchspeck, z. B. Südtiroler Speck)

70 g Butter

ZUBEREITUNG

1 Das Weißbrot in kleine Würfel schneiden. Eier und Milch verrühren, etwas salzen und zum Weißbrot geben. Kräuter und Mehl ebenfalls dazugeben.

2 Zwiebel und Knoblauch schälen und klein hacken. Speck in kleine Würfel schneiden und mit der Zwiebel in der Butter langsam hell anbraten, zuletzt den Knoblauch dazugeben. Alles etwas abkühlen lassen und zum Brot geben. Die Masse mit den Händen nicht zu fest verrühren. Die Knödelmasse 30 Minuten ruhen lassen. Sollte die Masse zu weich sein, etwas Brotbrösel dazugeben (kein Mehl zusätzlich, sonst werden die Knödel hart). Mit angefeuchteten Händen aus der Brotmasse Knödel formen.

3 In einem großen Topf Salzwasser zum Kochen bringen und die Knödel darin ca. 20 Minuten ziehen, aber nicht kochen lassen. Die Knödel können auch im Dampfgarer oder in einem Topf mit Dampfeinsatz gegart werden (zu empfehlen bei Knödeln mit Salat).

4 Die Knödel mit Fleischbrühe und etwas Schnittlauch als Suppe servieren oder mit einem Salat.

TIPP: Knödel kann man gut auf Vorrat machen, die rohen Knödel einfrieren und in aufgetautem Zustand wie oben beschrieben garen. Knödel gibt es in vielen Varianten: Fastenknödel sind ohne Speck, Käseknödel macht man statt mit Speck mit Käse, Spinatknödel, Brennnesselknödel oder Rohnenknödel bzw. Rote-Bete-Knödel.

Zubereitungszeit: ca. 1 Std.

Portionen: 4–5

Zu Besuch bei Waltraud Eder und ihrer Familie in Plaus, im Vinschgau, westlich von Meran.

Waltraud und ich kennen uns schon länger und ihre Knödel sind für mich einfach die allerbesten.

Übrigens: Die Tochter von Waltraud Eder, Julia Oberprantacher, betreibt mit ihrem Roland (siehe Foto S. 8 unten rechts) ganz in der Nähe von Meran das „Ladurner“, ein Hotel mit Restaurant.

Bei meinem letzten Besuch zeigte mir Waltraud mit viel Fingerfertigkeit, wie sie die perfekten Knödel für ihre Familie schon seit vielen Jahren zubereitet.

Unten links: Blick über den Meraner Talkessel. Meran ist nicht nur beliebter Luftkurort, sondern auch idealer Ausgangspunkt für Bergwanderungen.

Kaspressknödel

CANEDERLI AL FORMAGGIO TIROLESE

Neben den Speckknödeln gehören auch die Kaspressknödel zu den wichtigsten Knödeln Südtirols. Der Käse – hinein kommen meist verschiedene Käsesorten – gibt den Knödeln einen ganz besonderen Geschmack und auch die Konsistenz wird dadurch noch einmal ganz einmalig. Besonders der Südtiroler Graukäse – ein Sauermilchkäse – sorgt für einen würzig-säuerlichen Geschmack.

ZUTATEN

250 g Knödelbrot
1 kleine Zwiebel
50 g Butter
etwas klein gehackter Knoblauch (nach Belieben)
je ½ Bund Schnittlauch und Petersilie
100 g Bergkäse
100 ml Milch
50 g Gorgonzola
100 g Graukäse
3 Eier
ca. 15 g Mehl
Salz • Pfeffer aus der Mühle

Außerdem:

Öl oder Butterschmalz zum Braten
zerlassene Butter
geriebener Parmesan
Schnittlauchröllchen

ZUBEREITUNG

1 Das Knödelbrot, falls nötig, klein schneiden. Die Zwiebel schälen und fein schneiden und in der Butter langsam hell anbraten, zuletzt etwas klein gehackten Knoblauch dazugeben und vom Herd nehmen. Abkühlen lassen und zum Knödelbrot geben. Die Kräuter waschen, trocken schütteln und klein schneiden. Den Bergkäse in Würfel schneiden. Die Kräuter und den Käse ebenfalls zum Brot geben.

2 Die Milch erwärmen, Gorgonzola und Graukäse darin auflösen, leicht abkühlen lassen und mit den Eiern und dem Mehl unter das Knödelbrot mischen. Mit Salz und Pfeffer würzen. Falls die Masse zu weich ist, etwas Semmelbrösel untermengen. Ca. 30 Minuten ruhen lassen.

3 Aus der Masse mit angefeuchteten Händen Knödel formen, etwas flach drücken, in Mehl wälzen und in wenig Öl oder Butterschmalz auf beiden Seiten langsam goldgelb braten.

4 Die Kaspressknödel mit zerlassener Butter anrichten und mit Parmesan und Schnittlauch bestreuen. Dazu passt Krautsalat mit Speck (siehe S. 26).

TIPP: Die Kaspressknödel zuerst 10 bis 15 Minuten in Salzwasser ziehen lassen und dann erst in Butterschmalz auf beiden Seiten hellbraun anbraten.

Zubereitungszeit: ca. 45 Min.
Portionen: 4–5

Schinkenfleckerl

PASTA E PROSCIUTTO

Der Einfluss der österreichischen Küche ist bei diesem Gericht auch im Namen am deutlichsten zu spüren. Fleckerl heißen in Österreich kleine Teigwaren. Hier sind sie selbst gemacht und werden mit reichlich Eiern überbacken. Ein Nudelauflauf, der die Seele von innen wärmt.

ZUTATEN

Für den Nudelteig:

200 g Mehl

1 Ei

Salz

Für die Masse:

250 g gekochter oder geräucherter Schinken

3 Eiweiß

100 g zimmerwarme Butter

3 Eigelb

1 Ei

250 g saure Sahne

Salz

Butter und Semmelbrösel für die Form

Zubereitungszeit: ca. 2 Std.

Portionen: 4–5

ZUBEREITUNG

1 Für die Nudeln aus Mehl, Ei, 1 Prise Salz und ½ Tasse Wasser einen festen Teig kneten. In Frischhaltefolie wickeln und 1 Stunde ruhen lassen. Anschließend den Teig ausrollen und kleine Quadrate schneiden. 10 Minuten in Salzwasser kochen, in ein Sieb abgießen und mit kaltem Wasser abschrecken. Den Backofen auf 180 °C Ober- und Unterhitze vorheizen.

2 Für die Masse Schinken klein schneiden. Die Eiweiße zu Eischnee schlagen. Die Butter schaumig rühren und mit den Eigelben, dem Ei, Schinken, der sauren Sahne und den gekochten Nudeln (Fleckerln) mischen. Mit Salz würzen und den Eischnee unterheben.

3 Die Nudelmasse in eine eingefettete und mit Semmelbröseln ausgestreute Auflaufform füllen und ca. 45 Minuten im vorgeheizten Ofen goldbraun backen.

TIPP: Statt Schinken können auch Kassler oder Rauchfleisch (Selchfleisch) in die Füllung kommen.

Bauernbratl

ARROSTO CON PATATE

Lange bevor man Spareribs hierzulande im Backofen oder auf einem Grill zubereitet hat, gab es in den ländlichen Gegenden Trentino-Südtirols Schälrippchen vom Schwein in Saucen, Suppen oder mit Gemüse. Überall dort, wo Schweine gehalten wurden, war dies eine Selbstverständlichkeit. So ist das Bauernbratl eines der traditionellen Gerichte auf dem Land und schmeckt einfach nur hervorragend.

ZUTATEN

1 kg Kartoffeln

3 Möhren

1,2 kg Schweinerippen

Salz und Pfeffer

gemahlener Knoblauch

gemahlener Kümmel

4 EL Öl

500 ml Fleischbrühe

ZUBEREITUNG

1 Kartoffeln und Möhren schälen und in Würfel schneiden. Schweinerippen mit Salz, Pfeffer, Knoblauch und Kümmel einreiben. Den Backofen auf 180 °C Ober- und Unterhitze vorheizen.

2 Das Öl in einem Bräter erhitzen und die Rippen darin anbraten. Anschließend mit etwas Fleischbrühe aufgießen.

3 Nach 20 Minuten die Kartoffeln und die Möhren hinzufügen. Die restliche Fleischbrühe dazugeben und alles ca. 1 Stunde im Ofen schmoren lassen. Bei Bedarf etwas Wasser nachgießen. Mit fein geschnittenem Krautsalat (siehe S. 26) servieren.

TIPP: Das Bauernbratl ist ein klassischer Schweinebraten, der statt mit Schweinerippen auch häufig mit Schweineschulter zubereitet wird.

Zubereitungszeit: ca. 1½ Std.

Portionen: 4

Kartoffel-Sellerie-Püree

PURÈ DI PATATE E SEDANO RAPA

ZUTATEN

500 g Kartoffeln
400 g Knollensellerie • Salz
2 EL Margarine oder Butter
200–250 ml (Pflanzen-)Milch
Pfeffer aus der Mühle
frisch geriebene Muskatnuss
Kümmel (nach Belieben)

Zubereitungszeit: ca. 35 Min.
Portionen: 4

ZUBEREITUNG

1 Die Kartoffeln und den Knollensellerie schälen, waschen und in Würfel schneiden. In Salzwasser weich garen. Das Gemüse in ein Sieb abgießen, dabei das Kochwasser auffangen.

2 Die Margarine oder Butter und einen Teil der (Pflanzen-)Milch zum Gemüse geben. Alles gründlich mit dem Stabmixer pürieren. Dabei die restliche Milch und etwas Kochwasser hinzufügen, bis das Kartoffel-Sellerie-Püree die gewünschte Konsistenz hat.

3 Mit Salz, Pfeffer, Muskatnuss und nach Belieben Kümmel abschmecken.

Krautsalat mit Speck

INSALATA DI CAVOLO TIROLESE CON SPECK

ZUTATEN

1 Kopf Weißkraut • Salz
3 EL Weißweinessig
4 EL Sonnenblumenöl
1 TL Kümmel (nach Belieben)
Pfeffer aus der Mühle
100 g Speck
1 EL Butter
2 EL geschnittener Schnittlauch

Zubereitungszeit: ca. 35 Min.
plus Ruhezeit
Portionen: 4

ZUBEREITUNG

1 Die äußeren Blätter des Kohls entfernen, den Strunk herausschneiden und den Kohl vierteln. Die Viertel in feine Streifen schneiden. Das Kraut in eine Schüssel geben, salzen und gut mischen. Weinessig und das Sonnenblumenöl dazugeben und mit Kümmel und Pfeffer würzen. Den Salat einige Stunden im Kühlschrank ziehen lassen.

2 Den Speck in Streifen oder Würfel schneiden und in der Butter anbraten. Den Krautsalat mit den gerösteten Speckwürfeln und dem Schnittlauch mischen. Der Salat passt gut zu Knödeln, Gulasch oder Schnitzeln und zum Bauernbratl von S. 22.

Kürbis aus dem Ofen

ZUCCA AL FORNO

Eine wunderbare Gemüsebeilage, die wieder einmal zeigt, dass der Kürbis mehr kann, als nur zur Suppe verarbeitet zu werden. Der Kürbis aus dem Ofen kann mit einem Beilagensalat ebenfalls zu einer vegetarischen Hauptspeise werden und gelingt auch ohne große Kocherfahrung.

ZUTATEN

Für den Kürbis:

1,5 kg Hokkaido- oder Butternutkürbis
40 g natives Olivenöl extra
1 Zweig Rosmarin
Salz
Pfeffer aus der Mühle
geräuchertes Paprikapulver
20 g Kürbiskerne
20 g Mandelblättchen

Für das aromatisierte Öl:

einige Salbeiblätter
einige Stiele Petersilie
100 g natives Olivenöl extra

ZUBEREITUNG

1 Den Backofen auf 180 °C Ober- und Unterhitze vorheizen. Den Kürbis waschen, halbieren und die Kerne mit einem Löffel entfernen. Jede Hälfte in acht gerade Scheiben teilen und auf ein mit Backpapier ausgelegtes Backblech legen.

2 Die Kürbisscheiben mit etwas Olivenöl bepinseln. Rosmarin waschen, trocken schütteln und fein hacken. Über den Kürbis streuen. Den Kürbis mit Salz, Pfeffer und Paprikapulver würzen und mit Kürbiskernen und Mandelblättchen bestreuen.

3 Den Kürbis im vorgeheizten Ofen 40 bis 45 Minuten garen. In der Zwischenzeit das aromatisierte Öl vorbereiten. Salbeiblätter und Petersilienzweige waschen, trocken tupfen und fein hacken. Mit dem Olivenöl gut mischen. Den gegarten Kürbis mit dem Kräuteröl beträufeln.

TIPP: Hokkaido- und Butternutkürbis haben im Gegensatz zu anderen Kürbissorten eine dünne Schale, die beim Kochen weich wird und mitgegessen werden kann. Deshalb müssen beide Sorten auch nicht geschält werden.

Zubereitungszeit: ca. 1 Std. 15 Min.
Portionen: 8

Kaiserschmarrn

FRITTATA DOLCE STRAPAZZATA

Der Legende nach war der österreichische Kaiser Franz Joseph I., der Mann von Sisi, Namensgeber für diese Mehlspeise. Für mich war es zunächst einmal seltsam, solch ein urtypisch österreichisches Dessert auf einer italienischen Speisekarte zu lesen. Doch aufgrund der früheren Zugehörigkeit Südtirols zu Österreich ist es nur logisch, dass das Lieblingsdessert von Kaiser und Kaiserin weiter zur traditionellen Küche gehört. Und das aus gutem Grund.

ZUTATEN

150 g Mehl

100 ml Milch

100 g Sahne

6 Eigelb

½ Päckchen Vanillezucker

1 EL Rum

6 Eiweiß

Salz

40 g Zucker

Öl zum Backen

40 g Rosinen

Puderzucker zum Bestreuen

Butter zum Schwenken

Zubereitungszeit: ca. 30 Min.

Portionen: 4

ZUBEREITUNG

1 Das Mehl mit Milch, Sahne, Eigelben, Vanillezucker und Rum zu einem glatten Teig verrühren. Eiweiße mit 1 Prise Salz cremig schlagen und mit dem Zucker zu Eischnee schlagen. Den Eischnee vorsichtig unter die Eigelbmasse heben.

2 Das Öl in einer großen ofenfesten Pfanne erhitzen, den Teig hineingießen, mit Rosinen bestreuen und die Unterseite goldgelb backen. Den Teig wenden. Den Backofen auf 200 °C Ober- und Unterhitze vorheizen.

3 Die Pfanne in den vorgeheizten Ofen stellen und den Schmarrn etwa 3 bis 5 Minuten backen. Den Kaiserschmarrn mit zwei Gabeln in Stücke reißen. Mit Puderzucker bestreuen, etwas Butter dazugeben und kurz schwenken, sodass der Zucker karamellisiert. Den Kaiserschmarrn mit Puderzucker bestreuen und mit Preiselbeermarmelade oder Apfel-/Birnenkompott servieren.

TIPP: Wenn Sie den Schmarrn variieren wollen, geben Sie klein geschnittene Äpfel oder Kirschen statt der Rosinen auf den Teig. Sie können auch Milch anstelle von Sahne verwenden. Dann wird der Schmarrn etwas feiner.

Südtiroler Krapfen

SACCOTTINI TIROLESI

Südtiroler Krapfen haben mit Faschingskrapfen wenig zu tun. Sie sind zwar auch häufig mit Marmelade gefüllt, werden aber nicht mit Hefe zubereitet, sondern mit zweierlei Mehlsorten, und sie sind nicht rund, sondern flach und eckig. Krapfen gibt es in Südtirol in allen Varianten. Auch hier hat, wie so oft, jede Familie ihr eigenes Lieblingsrezept. Das Süßgebäck wird zu besonderen Festtagen, Hochzeiten oder Kirchtagen in großen Mengen von Hand zubereitet.

ZUTATEN

200 g Weizenmehl
70 g Roggenmehl
20 g zerlassene Butter
100 ml lauwarme Milch
1 Ei
50 g Sahne
10 ml klarer Schnaps
Salz
Preiselbeermarmelade
Pflanzenöl zum Frittieren
Puderzucker

Zubereitungszeit: ca. 1 Std.
Portionen: 4

ZUBEREITUNG

1 Die beiden Mehlsorten mit Butter, Milch, Ei, Sahne, Schnaps und 1 Prise Salz vermischen und zu einem glatten Teig verkneten. Den Teig zu einer Kugel formen und etwa 20 Minuten zugedeckt ruhen lassen.

2 Den Teig halbieren und eine Hälfte dünn ausrollen. Die Marmelade mit einem Löffel etwa alle 10 cm in die Mitte des Teigblattes geben.

3 Anschließend die zweite Teighälfte dünn ausrollen und über die Bahn mit der Marmelade legen. Dabei die Ränder um die Marmelade etwas andrücken und mit einem Teigroller in Rechtecke trennen.

4 Die Krapfen im sehr heißem Pflanzenöl (190–200 °C) 1 bis 2 Minuten knusprig braun backen. Auf Küchenpapier abtropfen lassen und noch warm mit Puderzucker bestäubt servieren.

TIPP: Krapfen kann man gut auf Vorrat machen. In rohem Zustand einfrieren und dann im heißen Fett ausbacken.

DIE BESTEN REZEPTE AUS

Friuli Venezia Giulia

ZWISCHEN KARST UND ADRIA: DAS BESTE AUS VIELEN REGIONEN

Einfach ist die Küche dieser Region, aber dennoch sehr speziell. Polenta wird hier sehr geschätzt. Der Maisbrei wird gerührt, gebacken oder gegrillt und mit Käse, Fleisch und sogar Fisch verfeinert. Im Friaul liegt auch die Heimat des San-Daniele-Schinkens, den man hier sowohl als Antipasto findet als auch in einem der beliebten Tramezzini, die es in jeder Bar zum Aperitivo oder als Mittagessen gibt.

Jota

SAUERKRAUT-BOHNEN-EINTOPF

Jota ist einer der typischsten Gemüseeintöpfe der Region und darüber hinaus auch in Kroatien und Slowenien verbreitet. Sauerkraut, Bohnen, Kartoffeln und Schweinefleisch sind meist die Hauptzutaten dieses deftigen, aber köstlichen Eintopfs. Die Variante mit Sauerkraut stammt aus der Hafenstadt Triest. Anderswo kommen stattdessen saure Rüben hinein. Jota ist das ideale Gericht für kalte Wintertage, denn es wärmt von innen.

ZUTATEN

200 g getrocknete braune Borlotti-Bohnen (oder aus der Dose)
100 g Kassler
50 g Speck
40 g Lardo
1 Zwiebel
1 Knoblauchzehe
10 Salbeiblätter
10 Blätter glatte Petersilie
3 EL Mehl
3 EL natives Olivenöl extra
200 g Sauerkraut (aus der Dose)
Salz
geriebener Parmesan (nach Belieben)

ZUBEREITUNG

1 Getrocknete Bohnen über Nacht in kaltem Wasser einweichen. Das Kassler und den Speck in Würfel schneiden und den Lardo fein schneiden. Zwiebel und Knoblauch schälen und klein schneiden. Salbei und Petersilie waschen, trocken tupfen und ebenfalls klein schneiden.

2 Das Mehl in einer Pfanne mit 1 EL Olivenöl anrösten, bis es gelblich braun wird, wieder herausnehmen. Den Lardo in der Pfanne schmelzen lassen, die Kräuter, die Zwiebel, den Knoblauch dazugeben sowie das angeröstete Mehl und 1 Schuss Olivenöl. Die Pfanne beseitestellen.

3 200 ml Wasser erhitzen und die Bohnen darin ohne Salz bei mittlerer Hitze 1½ Stunden kochen. Evtl. Wasser nachgießen. Dann das Kassler sowie die Zwiebelmischung aus der Pfanne dazugeben.

4 Den Speck in der Pfanne anbraten, das Sauerkraut hinzufügen und kurz anbraten. Die Bohnen dazugeben und alles gut mischen, mit Salz würzen. Den Eintopf in tiefen Tellern anrichten und mit restlichem Olivenöl beträufeln und nach Belieben mit Parmesan bestreuen.

TIPP: Werden Bohnen aus der Dose verwendet, diese abtropfen lassen und ebenfalls 30 Minuten mit in der Suppe garen. Wer es noch gehaltvoller mag, kann noch ca. 250 g geschälte und in Würfel geschnittene Kartoffeln 20 Minuten mit den Bohnen garen.

Zubereitungszeit: ca. 2 Std.
Portionen: 4

Frico

KÄSE-KARTOFFEL-FLADEN

Dieses Gericht hat mich sofort an einen großen Rösti oder Reibekuchen erinnert, den wir auch hierzulande kennen und mögen. In der Tat ist der Frico auch damit vergleichbar. Man verwendet dafür einheimische Kartoffelsorten und verfeinert das Ganze mit einem Asiago-Käse oder einem Montasio-Käse aus den Bergen des Friauls. Frico kann als Hauptspeise, aber ebenso gut als Beilage gereicht werden.

ZUTATEN

500 g Kartoffeln

500 g Asiago-Käse (Bergkäse)

2 EL natives Olivenöl extra

Salz

Pfeffer aus der Mühle

ZUBEREITUNG

1 Die Kartoffeln schälen, waschen und grob reiben. Den Käse ebenfalls grob reiben.

2 Das Olivenöl In einer beschichteten Pfanne erhitzen und die Kartoffeln hineingeben. Mit Salz und Pfeffer würzen und ca. 10 Minuten bei schwacher Hitze backen.

3 Den Käse dazugeben, alles gut mischen, die Temperatur auf mittlere Stufe erhöhen und den Fladen auf einer Seite kross braten, dabei etwas flach drücken. Den Frico mithilfe eines großen Tellers oder des Pfannendeckels wenden und auf der anderen Seite ebenfalls kross braten.

4 Frico auf ein Schneidebrett legen und in Stücke schneiden. Dazu nach Belieben einen grünen Salat servieren.

TIPP: Wer den Frico ganz original zubereiten möchte, verwendet den friaulischen Montasio-Käse, einen würzigen Bergkäse. Da dieser mitunter schwer zu bekommen ist, kann auch auch ein anderer Bergkäse wie Asiago die nötige Würze liefern.

Zubereitungszeit: ca. 45 Min.

Portionen: 4–6

Brodetto alla gradese

FISCHEINTOPF MIT POLENTA

Im Friaul isst man gerade an der Küste genauso viel und gerne Fisch wie in allen anderen Meeresregionen Italiens. Im Norden von Italien bettet man den Fisch auch mal auf eine cremige Polenta. So gibt es in Grado den „Brodetto alla gradese", bei dem ich zuerst eine Fischsuppe erwartet hatte. Die Kombination mit der Polenta war allerdings ganz anders, aber einmalig gut.

ZUTATEN

350 g Maisgrieß für Polenta
1,5 kg verschiedene Fischfilets (z. B. Seezunge, Steinbeißer, Makrele, Drachenkopf, Kabeljau, Dorado etc.)
3 Knoblauchzehen
natives Olivenöl extra
Salz
Pfeffer aus der Mühle
100 ml milder Apfelessig

ZUBEREITUNG

1 Die Polenta nach Packungsanweisung zubereiten. Darauf achten, dass die Polenta mindestens 40 Minuten gerührt wird, damit sich alle Maiskörner auflösen.

2 Die Fische waschen, trocken tupfen und vorsichtig in grobe Stücke schneiden. Die Knoblauchzehen mit einem breiten Messer andrücken und in einer beschichteten Pfanne mit 3 bis 4 EL Olivenöl erhitzen. Sobald der Knoblauch goldbraun ist und man das Aroma im Öl gut riechen kann, diesen aus der Pfanne nehmen und die Fischstücke hineingeben, zuerst die größeren Stücke, dann die kleineren. Mit Salz und Pfeffer würzen.

3 Den Apfelessig über die Fischfilets gießen und etwas einkochen lassen. Anschließend den Fisch mit 1 Glas Wasser übergießen und 15 Minuten köcheln lassen.

4 Die Polenta auf vorgewärmten Tellern verteilen und die Fischstücke darauf anrichten.

Zubereitungszeit: ca. 1 Std.

Portionen: 4

Gute Luft, Salz und Geduld: Mehr braucht es nicht für den Schinken aus San Daniele.

Morgante Salumi produzieren seit Jahrhunderten den berühmten San-Daniele-Schinken mit viel Respekt und Leidenschaft für das Produkt. Heute leitet Federica Morgante in vierter Generation den Betrieb.

Familie Toppano, Gründer von Oro Caffè, hat mir in drei Tagen die gesamte Region gezeigt und mich mit vielen Produzenten im Friaul bekannt gemacht.

Zu Besuch beim Kaffeeröster Oro Caffè in Udine. Giovanni Roitero leitet u.a. das Schulungszentrum und ist ein Latte-Art-Meister.

Gnocchi alla friulana

KÜRBISGNOCCHI

Der Herbst ist Kürbiszeit: Statt aus Kartoffeln werden Gnocchi dann aus Kürbis bereitet. Und das sind die vielleicht zartesten Gnocchi, die ich in meinem Leben probieren durfte. Cremig und weich, schmecken diese Kürbisgnocchi ganz anders als die Kartoffelgnocchi, die in manchen Restaurants manchmal eher „gummiartig" daherkommen.

ZUTATEN

500 g Hokkaidokürbis

abgeriebene Schale von 1 Bio-Zitrone

250 g Mehl Type 00

1 Ei

Salz

Pfeffer aus der Mühle

120 g Butter

4–5 Salbeiblätter

frisch geriebene Muskatnuss

2 EL grob geriebener Parmesan

Zubereitungszeit: ca. 50 Min.

Portionen: 4

ZUBEREITUNG

1 Den Backofen auf 180 °C Ober- und Unterhitze vorheizen. Den Kürbis waschen und entkernen. Den Kürbis in grobe Stücke schneiden, auf ein mit Backpapier ausgelegtes Backblech legen und ca. 30 Minuten im vorgeheizten Ofen backen, bis er sehr weich geworden ist. Etwas abkühlen lassen und die Schale vorsichtig entfernen. Den Kürbis pürieren, dabei die Zitronenschale unterrühren.

2 Das Mehl in eine Schüssel geben, das Kürbispüree dazugeben und alles sorgfältig mischen. Das Ei hinzufügen und unterrühren. Nun mit Salz und Pfeffer würzen.

3 Aus dem Teig etwa kastaniengroße Stücke abnehmen und zu Kugeln rollen. Mit etwas Mehl im Idealfall über ein gerilltes Gnocchibrett rollen, um eine oval längliche Form zu bekommen. (Wenn man kein Gnocchibrett hat, über den Gabelrücken rollen.) Anschließend die Gnocchi auf einem Küchentuch 15 Minuten trocknen lassen.

4 Die Gnocchi kurz in Salzwasser garen („tanzen" lassen), bis sie an der Oberfläche schwimmen. Die Butter mit den Salbeiblättern bei mittlerer Hitze aufschäumen. Die Gnocchi mit einem Schaumlöffel in die Salbeibutter geben und darin schwenken.

5 Die Gnocchi mit der Salbeibutter auf vorgewärmten tiefen Tellern anrichten und mit etwas Muskatnuss und Parmesan bestreuen. Als Primo bzw. Vorspeise servieren.

TIPP: Kürbisgnocchi sind grundsätzlich weicher als Kartoffelgnocchi und deshalb nicht ganz so leicht zu verarbeiten. Auch nach dem Garen sind sie weicher als Kartoffelgnocchi.

Toc' in braide con salsiccia

POLENTA MIT SALSICCIA UND KÄSESAUCE

Im Friaul entdeckte ich Gerichte, die ich so noch nirgendwo in Italien gegessen, geschweige denn je von ihnen gehört hatte. Diese oftmals vergessenen Speisen wurden vom Sternekoch Gianni Cosetti zu neuem Leben erweckt. Eine dieser Spezialitäten ist diese Polenta mit flüssiger Butter und einer warmen Käsesauce.

ZUTATEN

350 g Maisgrieß für Polenta
150 g Butter
200 ml Milch
100 g Käse
(z. B. Asino, Asiago oder Taleggio)
400 g Salsiccia
(grobe ital. Bratwurst, verfeinert mit Fenchel, Pfeffer und Weißwein)

Zubereitungszeit: ca. 45 Min.
Portionen: 4

ZUBEREITUNG

1 300 g Maisgrieß nach Packungsanweisung garen und mit etwas Butter verfeinern.

2 Milch und 200 ml Wasser auf kleinster Stufe erhitzen, den Käse darin unter Rühren schmelzen und warm halten. In einem weiteren Topf 100 g Butter aufschäumen und den restlichen Maisgrieß (50 g) mit einem Schneebesen einrühren. Sobald der Maisgrieß mit der Butter zu einer Art brauner Sauce geworden ist, den Topf beiseitestellen.

3 Die Salsiccia aus der Haut lösen, etwas klein hacken, sodass sie nicht mehr so stark aneinanderhaftet, und in der Pfanne ohne Öl anbraten.

4 Die cremige Polenta auf einem flachen, vorgewärmten Teller anrichten. Die Käsesauce darübergeben und die Salsiccia und die Grießbutter darauf verteilen.

TIPP: Dazu passt hervorragend ein gekühlter Friulano-Wein.

Bisi in tecia

ERBSEN MIT SPECK

Angebratene Erbsen aus der Pfanne klingen einfach, werden aber in jeder Familie anders zubereitet. Sie sind in jedem Fall eine wunderbare Gemüsebeilage und schmecken besonders gut, wenn man die Erbsen frisch aus der Schote pellt.

ZUTATEN

1 weiße Zwiebel

1 Knoblauchzehe

30 g Speck

4 EL natives Olivenöl extra

800 g TK-Erbsen

1 Zweig Rosmarin

Salz

Pfeffer aus der Mühle

100 ml Weißweinessig

ZUBEREITUNG

1 Zwiebel und Knoblauchzehe schälen und fein schneiden. Den Speck in Würfel schneiden. Das Öl in einer Pfanne erhitzen und Zwiebel und Knoblauch darin mit dem Speck goldbraun anbraten. Die Erbsen und den Rosmarin hinzufügen und unterrühren. Mit Salz und Pfeffer würzen und 5 Minuten kochen lassen.

2 Mit dem Essig beträufeln und weitere 10 bis 15 Minuten zugedeckt bei schwacher Hitze kochen lassen. Heiß servieren. Bisi in tecia können als Antipasto serviert werden oder als Beilage zu einem Hauptgang mit Fleisch.

Zubereitungszeit: ca. 25 Min.

Portionen: 4–6

Cavolo rosso al vino

ROTKOHL

Der Rotkohl hat in dieser Region eine lange Tradition. Ein Gemüse, dass sich länger hält als herkömmlicher Salat und recht robust ist. Geschmort im Wein, erinnert er sehr an unser Rotkraut.

ZUTATEN

1 kg Rotkohl

1 Apfel

1 Zwiebel

50 g Speck

40 g Butter

Salz

200 ml Rotwein

ZUBEREITUNG

1 Den Kohl putzen, den Strunk herausschneiden, den Kohl waschen und in Streifen schneiden. Den Apfel schälen, entkernen und in Würfel schneiden. Die Zwiebel schälen und in Würfel schneiden. Den Speck ebenfalls in Würfel schneiden.

2 Die Butter in einer Pfanne erhitzen und die Zwiebel darin mit dem Speck andünsten. Den Kohl und den Apfel dazugeben. Mit Salz würzen und einige Minuten garen. Den Wein hinzufügen und unterrühren. Den Kohl 40 Minuten offen garen.

Zubereitungszeit: ca. 50 Min.

Portionen: 4–6

Cjarsons

SÜSSE RAVIOLI

Diese handgemachte Pasta gehört zum Wahrzeichen Julisch-Venetiens. Bei meiner Recherche bin ich auf nahezu 50 verschiedene Versionen gekommen. In den meisten Fällen werden für die Pasta Mehl und Kartoffeln verwendet und die Füllung besteht sehr oft aus Spinat oder Kräutern mit Ricotta und immer Rosinen. Eine Version, die mir besonders gefallen hat, sind diese süßen Cjarsons mit Ricotta, Birnen und Rosinen, bestreut mit geräuchertem Käse.

ZUTATEN

200 g Mehl Type 00
Salz
10 g Rosinen
1 TL Rum
20 g Butterkekse
100 g Ricotta
30 g Kirschmarmelade
1 EL Schokoladenpulver
abgeriebene Schale von 1 Bio-Zitrone
Zimtpulver
½ Birne
3 EL Butter
feiner brauner Zucker
geräucherter Ricotta oder Mozzarella

Zubereitungszeit: ca. 1 Std.
Portionen: 4

ZUBEREITUNG

1 Etwa 100 ml Wasser erhitzen. Das Mehl in eine Schüssel geben, 1 Prise Salz und nach und nach das Wasser hinzufügen. Alles zu einem geschmeidigen Teig verkneten. Ist der Teig zu klebrig, noch etwas Mehl dazugeben, ist er zu fest, noch etwas Wasser tröpfchenweise dazugeben. Den Teig in zwei Hälften teilen und auf einer bemehlten Fläche ausrollen. Anschließend mit einem Dessertring Kreise mit einem Durchmesser von 6 cm ausstechen.

2 Die Rosinen mit dem Rum beträufeln und kurz einweichen lassen. Die Butterkekse mit dem Nudelholz zerdrücken. Den Ricotta mit der Marmelade, dem Schokoladenpulver, der Zitronenschale, den Butterkeksen und etwas Zimtpulver mischen.

3 Die Birne schälen, entkernen und fein reiben. Mit den abgetropften Rosinen unter die Ricottamasse heben. Die Masse mit einem Teelöffel jeweils in der Größe eines 50-Cent-Stücks in die Mitte der Teigkreise verteilen. Die Teigkreise zu Halbmonden zusammenklappen und kurz antrocknen lassen.

4 Die Butter in einer Pfanne erhitzen. Die Ravioli in wenig gesalzenem Wasser etwa 1 bis 2 Minuten aufkochen. Die Cjarsons in die Butter geben und gut durchschwenken. Zum Servieren die Cjarsons mit etwas feinem braunem Zucker bestreuen, mit der Butter aus der Pfanne beträufeln und mit Spänen von geräuchertem Ricotta bzw. Mozzarella bestreuen.

Coppa Vetturino

ZABAIONEBECHER MIT BISKUIT

Diese Süßspeise gilt als der Vorläufer des Tiramisù aus dem Friaul vom Erfinder Mario Cosolo. Vor meiner Reise war für mich klar, dass das Tiramisù auf jeden Fall aus Venetien stammt. Ich wurde im Friaul eines Besseren belehrt. Schon seit Langem wird in Italien darüber gestritten, wer sich die Erfindung des Tiramisù auf seine Fahnen schreiben darf. Ob nun aus dem Friaul oder aus Venetien – zwei verschiedene Desserts mit ähnlichen Grundzutaten, die Süßmäuler gleichermaßen begeistern. In die Coppa Vetturino kommt aber Sahne und keine Mascarpone.

ZUTATEN

6 Eier
9 EL Zucker
80 ml Marsala, plus weiterer Marsala, um den Biskuit zu tränken
1 kg Sahne (mind. 30 % Fett)
2–3 EL ungesüßtes Kakaopulver
1 runder Biskuitboden
ungesüßtes Kakaopulver zum Bestreuen

Zubereitungszeit: ca. 45 Min. plus Ruhezeit
Portionen: 8

ZUBEREITUNG

1 Die Eier trennen. In einer Metallschüssel die Eigelbe mit 6 EL Zucker hellschaumig schlagen. Den Marsala esslöffelweise in die Creme rühren. Die Creme über dem heißen Wasserbad mit dem Schneebesen immer in die gleiche Richtung rühren, bis eine Zabaione entsteht. Sobald die Zabaione schaumig wird und fast anfängt zu kochen, aus dem Wasserbad nehmen, abkühlen lassen und in den Kühlschrank stellen.

2 Die Sahne steif schlagen. Das Kakaopulver mit dem restlichen Zucker (3 EL) mischen und mit der Hälfte der geschlagenen Sahne vorsichtig vermengen. Kühl stellen. Die restliche Sahne mit dem Schneebesen unter die Zabaione ziehen. Die Creme soll locker und leicht sein.

3 Zum Anrichten der Creme Martinigläser, Rotweingläser oder Dessertbecher aus Glas verwenden. Den Biskuit in acht Vierecke in der Größe der Gläser schneiden. Den Biskuit jeweils mit etwas Marsala beträufeln. Die Schokoladencreme bis zur Hälfte in die Gläser füllen. Den Biskuit auf die Schokocreme setzen. Die Zabaionecreme darauf verteilen, die restliche Creme mit einem Spritzbeutel mit einer gezackten Tülle daraufspritzen. Mit Kakaopulver bestreuen und kalt stellen.

TIPP: Der Biskuitboden sollte nicht dicker sein als 1 cm.

Gubana

NUSS-HEFE-KUCHEN

Die Gubana ist eine Art Hefeschnecke mit einer Füllung aus Nüssen, Rosinen und Pinienkernen. Ursprünglich ein Festtagskuchen, wird Gubana oder Gubane heute in jedem Café oder Restaurant Friauls als Nachspeise angeboten.

ZUTATEN

Für den Teig:

500 g Mehl Type 00
3 g Trockenhefe
125 ml Milch (Zimmertemperatur)
90 g Zucker
5 Eier
abgeriebene Schale von 2 Bio-Zitronen
8 cl Grappa
Salz
75 g weiche Butter

Für die Füllung:

140 g Rosinen
110 ml Marsala
250 g gemahlene Walnüsse
60 g blanchierte Mandeln
120 g Pinienkerne
50 g weiche Butter
60 g Paniermehl

Außerdem:

1 Eigelb
40 g Zucker

Zubereitungszeit: ca. 1 Std. 50 Min.

Portionen: 8

ZUBEREITUNG

1 Für den Vorteig in einer Schüssel 150 g Mehl und die Trockenhefe mischen. 85 ml Milch dazugießen, unterrühren und alles zu einem Teig verrühren. Den Teig zu einer Kugel formen, die Schüssel mit Frischhaltefolie bedecken und den Teig 1 Stunde ruhen lassen.

2 Nach der Ruhezeit das restliche Mehl (350 g) und den Zucker in der Küchenmaschine kurz verrühren und den Vorteig unter Rühren dazugeben. 3 Eier verrühren und ebenfalls dazugeben. Die Schale von 1 Bio-Zitrone mit dem Grappa zum Teig geben. Alles mit den Knethaken verrühren und die restliche Milch (40 ml) langsam dazugeben. Den Teig weiterkneten. 1 Prise Salz dazugeben. Dann löffelweise die Butter dazugeben und weiterkneten. Sobald der Teig schön elastisch und nicht mehr klebrig ist, erneut zu einer Kugel formen und die Schüssel wieder mit Frischhaltefolie abdecken und den Teig bei Zimmertemperatur ruhen lassen.

3 Für die Füllung die Rosinen in einer Schüssel mit 100 ml Marsala übergießen. 20 Minuten einweichen. Die Nüsse fein mahlen. Die Butter in einer Pfanne erhitzen. Das Paniermehl darin goldbraun rösten, herausnehmen.

4 Die Rosinen abtropfen lassen und ebenfalls fein mixen. Nüsse, Rosinen, Paniermehl und den restlichen Marsala (10 ml) mischen. Die Schale von der zweiten Zitrone unterrühren. 2 Eier trennen. Die Eigelbe zur Füllung geben. Die Eiweiße steif schlagen und unter die Füllung heben.

5 Den Backofen auf 170 °C Ober- und Unterhitze vorheizen. Den Teig auf einer bemehlten Arbeitsfläche etwa ½ cm dick auf 50 × 60 cm ausrollen. Die Füllung darauf verteilen, dabei einen 2 cm breiten Rand lassen. Das Eigelb verquirlen und den Rand damit bestreichen. Den Teig der Länge nach aufrollen. Die Springform (22 cm Ø) mit Butter einfetten und die Teigschlange wie ein Schneckenhaus hineinlegen. Den Kuchen mit Eigelb bestreichen und mit 40 g Zucker bestreuen. 30 Minuten bei Zimmertemperatur gehen lassen.

6 Den Kuchen 60 Minuten backen. Er sollte nicht zu dunkel werden. Nach der Backzeit 15 Minuten ruhen lassen und dann in Stücke schneiden.

DIE BESTEN REZEPTE AUS

Veneto

KUNST, KULTUR UND KULINARIK – GENUSS HOCH DREI

Die märchenhaften, geschichtsträchtigen Städte Venetiens, Venedig, Verona, Padua, Vicenza, machen die Gegend zum Reiseziel Nummer eins und prägen die Küche dieser Region wie kaum andere. In die Handelsstadt Venedig kamen orientalische Gewürze, exotische Früchte und Reis aus Spanien, der heute in der fruchtbaren Po-Ebene angebaut wird. Reis ist die Pasta Venetiens in vielen Variationen: ob Risotto mit Rotwein, Erbsen oder Tintenfisch. Fische und Meeresfrüchte kommen aus der Adria und der Lagune Venedigs. Stockfisch wurde im Tauschhandel mit Gewürzen aus Skandinavien eingeführt und hat sich einen festen Platz auf den Speisekarten erobert.

Sarde in saor

MARINIERTE SARDINEN

Es gibt kein Restaurant oder keine Bar in Venedig, die nicht irgendeine Variante dieser Sarde in saor im Angebot hat. Ganz gleich ob als Antipasto oder als Belag für eine der vielen „Cicchetti", die typischen Häppchen, die man zum Aperitivo serviert. Die eingelegten Sardinen mit Zwiebeln und meist Rosinen und/oder Pinienkernen waren einst eine feste Speise für die Seefahrer auf Reisen. Haltbar gemacht und in Gläser eingelegt, waren sie so immer verfügbar. Diese Version ist eine sehr einfache, die nach 24 Stunden Ruhezeit noch viel besser schmeckt.

ZUTATEN

600 g weiße Zwiebeln
40 g Rosinen
600 g Sardinen (ohne Kopf, entgrätet und geputzt)
etwas Mehl
Pflanzenöl zum Frittieren
Salz
3 EL natives Olivenöl extra
200 ml Weißweinessig
1 EL Zucker
40 g Pinienkerne
2 Lorbeerblätter
etwas Paprikapulver

ZUBEREITUNG

1 Die Zwiebeln schälen, halbieren und ca. 30 Minuten in klarem Wasser einlegen. Die Rosinen ebenfalls in etwas Wasser einlegen.

2 Die Sardinen trocken tupfen, in Mehl wenden und nach und nach bei 170 °C im Pflanzenöl frittieren. Auf Küchenpapier abtropfen lassen und mit etwas Salz würzen.

3 Die Zwiebeln in feine Streifen schneiden und im Olivenöl andünsten. Nach einigen Minuten die Hitze erhöhen, den Essig und den Zucker zu den Zwiebeln geben und alles bei schwacher Hitze ca. 20 bis 30 Minuten dünsten.

4 Einige Zwiebeln in einer Auflaufform verteilen, ein Drittel der Sardinen darauf verteilen, erneut mit einem Drittel der Zwiebeln, Rosinen und Pinienkernen bedecken. Den Vorgang wiederholen, sodass am Ende etwa drei Schichten übereinanderliegen. Mit Lorbeerblättern bedecken und mit Paprikapulver bestreuen.

5 Die Auflaufform mit Alufolie abdecken und die Sardinen ca. 24 Stunden an einem kühlen Ort ziehen lassen.

Zubereitungszeit: ca. 1 Std. 10 Min.

Portionen: 4

Casunziei all'ampezzana

TEIGTASCHEN MIT ROTER BETE UND KARTOFFELN

Ampezzo liegt im nördlichsten Teil des Veneto an den Dolomiten. Die Nähe der Berge und die besonderen Zutaten dieser Region schmeckt man in diesem Gericht ganz besonders deutlich heraus. Frische Pasta mit einer Füllung aus Kartoffeln und Roter Bete ist eine Kombination, die überraschend gut miteinander harmoniert.

ZUTATEN

1 mittelgroße Kartoffel (mehlig- oder festkochend)
200 g Mehl Type 0 oder 00 (Pizzamehl)
2 Eier (Größe M)
2 EL natives Olivenöl extra
Salz
1 kleine Zwiebel
1 vorgegarte mittelgroße Rote Bete
60 g weiche Butter
Pfeffer aus der Mühle
1 Radicchio
ein paar Salbeiblätter

Zubereitungszeit: 35 Min.
Portionen: 4

ZUBEREITUNG

1 Die Kartoffel schälen, kochen und abkühlen lassen. Das Mehl in eine Schüssel geben, die Eier, das Olivenöl und 1 Prise Salz hinzufügen. Alles miteinander mischen und zu einem homogenen Teig verkneten. In Frischhaltefolie einwickeln und etwa 15 Minuten ruhen lassen.

2 Die Kartoffel durch eine Presse in eine Pfanne drücken. Die Zwiebel schälen und klein schneiden. Rote Bete in sehr kleine Würfel schneiden (idealerweise mit Handschuhen wegen der Farbe), Zwiebel, Rote Bete und etwa die Hälfte der Butter in die Pfanne geben. Alles etwa 15 Minuten bei schwacher Hitze erhitzen und mit dem Gabelrücken leicht zerdrücken. Mit Salz und Pfeffer abschmecken.

3 Den Pastateig mit der Nudelmaschine auf der zweitkleinsten Stufe oder dem Nudelholz ca. 1 bis 2 mm dick ausrollen.

4 Die leicht abgekühlte Masse aus der Pfanne in einen Spritzbeutel ohne Aufsatz geben und damit bzw. mit einem Löffel im Abstand von 8 cm etwa 2 cm groß auf dem Teig verteilen, mit einem Glas ausstechen, die Ränder etwas anfeuchten und dann zu Halbmonden zusammenklappen. Dabei die Pasta um die Masse herum etwas andrücken. Die Teigtaschen auf Küchentüchern ausbreiten. Radicchio putzen, waschen und fein schneiden.

5 Einen Topf mit Salzwasser zum Kochen bringen. Die restliche Butter (30 g) in einer Pfanne erhitzen. Die Pasta im Salzwasser 1 bis 2 Minuten garen, herausnehmen, abtropfen lassen und in der Butter schwenken. Mit Pfeffer würzen. Die Pasta auf Tellern anrichten und den Radicchio und nach Belieben mit in Olivenöl gerösteten Salbeiblättern bestreuen.

TIPP: Da Radicchio leicht bitter schmeckt und manche – besonders Kinder – das nicht gern mögen, lassen Sie den Radicchio weg und reiben Sie stattdessen etwas frischen Pecorinokäse über die Pasta und beträufeln Sie alles mit etwas flüssiger Butter.

Risi e bisi

REIS MIT ERBSEN

So unspektakulär dieses Gericht scheinen mag, so gehört es doch zu den wichtigsten Gerichten der Küche des Veneto. Es ist weder ein klassisches Risotto noch eine Suppe, allerdings wird es vor allem im Frühling gerne als Primo serviert, wenn die Erbsen reif und schön groß sind. Für Rise e bisi verwendet man lieber einen Vialone-Nano-Reis, der locker und cremig wird, anstelle des beliebten bissfesten Carnaroli, der für die meisten Risottos zum Einsatz kommt.

ZUTATEN

1,3 l Gemüsebrühe

1 kg frische große gepalte Erbsen (oder aufgetaute TK-Erbsen)

1 Zwiebel

50 g Pancetta bzw. Speck

30 g Petersilie

60 g Butter

natives Olivenöl extra

350 g Vialone-Reis bzw. Risottoreis

40 g geriebener Grana Padano

Salz

Pfeffer aus der Mühle

Zubereitungszeit: ca. 2 Std. 10 Min.

Portionen: 4

ZUBEREITUNG

1 Die Gemüsebrühe aufkochen. 250 g Erbsen in die Gemüsebrühe geben und 3 bis 4 Minuten garen. Sobald die Erbsen weich sind, mit etwa 2 Kellen Brühe in einen Messbecher oder ein hohes Gefäß geben und das Ganze pürieren. Sollte die Masse zu fest sein, noch etwas Brühe nachgießen. Die restliche Brühe warm halten.

2 Die Zwiebel schälen und klein scheiden. Den Speck in Würfel schneiden. Die Petersilie waschen, trocken schütteln und klein schneiden. In einem zweiten Topf die Hälfte der Butter erhitzen und die Zwiebel ca. 10 Minuten darin dünsten, bis sie weich ist. Den Speck dazugeben und andünsten. (Wer es lieber vegetarisch mag, lässt den Speck weg.) Die Petersilie unterrühren.

3 Die restlichen Erbsen dazugeben und mit 1 guten Schuss Olivenöl aromatisieren. Alles mischen und mit 2 Kellen Gemüsebrühe übergießen. Etwa 5 Minuten köcheln lassen.

4 Die Erbsencreme und den Reis dazugeben und garen. Bei Bedarf immer wieder etwas Brühe dazugeben. Die Brühe muss aber nicht komplett aufgebraucht werden. Das Risi e bisi sollte flüssiger als ein Risotto sein und einem Eintopf ähneln.

5 Zum Schluss den Grana Padano und die restliche Butter (30 g) unterrühren. Mit Salz und Pfeffer würzen. Wer mag, kann noch etwas gehackte Petersilie darüberstreuen.

Risotto all'Amarone

ROTWEINRISOTTO MIT AMARONE

Der Amarone ist wohl einer der bekanntesten Rotweine Italiens. Ein schwerer Wein mit viel Aroma, der dem Veneto viel Ansehen brachte und in vielen Gerichten Verwendung findet. Amarone wird mit Trauben höchster Qualität und in einem aufwendigen Verfahren hergestellt. Die in ihm enthaltenen Bitterstoffe (amaro = bitter) haben ihm seinen Namen gegeben. Risotto all'Amarone ist eines der typischsten Gerichte aus Verona und findet sich in jedem guten Restaurant der Stadt als Primo auf der Speisekarte.

ZUTATEN

1 l Rinderbrühe

50 g Schalotten

60 g Butter

320 g Risottoreis
(Carnaroli oder Vialone)

350 ml Amarone della Valpolicella

60 g Pecorinokäse

Salz

Pfeffer aus der Mühle

ZUBEREITUNG

1 Die Rinderbrühe erhitzen. Die Schalotten schälen und fein würfeln.

2 Die Hälfte der Butter in einem Topf erhitzen. Die Schalotten darin andünsten und mit etwas Brühe übergießen. Den Reis dazugeben und kurz garen. Ein Drittel des Rotweins dazugießen und mit einem Holzlöffel unterrühren. Der Reis sollte den Wein langsam aufsaugen. Den Rotwein noch zweimal auf diese Weise einarbeiten.

3 Die heiße Brühe portionsweise zum Risotto geben und einkochen lassen. Sobald das Risotto al dente ist, die restliche Butter (30 g) untermischen und zum Schluss den geriebenen Pecorinokäse unterrühren. Mit Salz und Pfeffer würzen. Das Risotto heiß servieren.

Zubereitungszeit: ca. 35 Min.

Portionen: 4

Riso nero con le seppie

SCHWARZER REIS MIT TINTENFISCH

Venezianer sind wahre Genießer und lieben das Essen. Die Küche Venedigs ist geprägt von Fisch und Meeresfrüchten, das liegt ja nahe, wenn man die Adria vor der Haustür hat. Bei diesem Risotto kann man in jedem Reiskorn das Meer förmlich schmecken. Dafür sorgt die Tinte vom Tintenfisch, die den Reis schwarz färbt. Ein wunderbares Gericht, das keine Gaumenwünsche offenlässt.

ZUTATEN

800 ml Hühnerbrühe
4 kleine Calamari (küchenfertig)
1 Schalotte
1 Knoblauchzehe
2 EL natives Olivenöl extra
40 g Butter
320 g Risottoreis
(z. B. Carnaroli oder Vialone)
1–2 TL Tintenfischtinte
(flüssig oder als Pulver erhältlich)
1 kleines Bund glatte Petersilie

ZUBEREITUNG

1 Die Hühnerbrühe aufkochen und warm halten. Calamari waschen und trocken tupfen. Die Tentakel der Calamari von der Tube trennen und grob schneiden, sodass man diese noch gut erkennen kann. Die Tube in kleine Stücke schneiden. Die Schalotte und den Knoblauch schälen, die Schalotte sehr fein schneiden.

2 Das Olivenöl in einer Pfanne erhitzen, die Zwiebel und die ganze Knoblauchzehe etwa 2 bis 3 Minuten darin andünsten. Knoblauch wieder herausnehmen. Den Tintenfisch mit in die Pfanne geben und ca. 30 Minuten garen. Bei Bedarf etwas Brühe hinzufügen.

3 Die Butter in einem Topf erhitzen und den Risottoreis darin anbraten. Nach und nach die Brühe dazugeben. Nach 15 bis 20 Minuten, wenn der Reis bereits weicher geworden ist, ca. 1 TL Tintenfischtinte hinzufügen und alles sehr gut miteinander vermischen, sodass der Reis komplett eingefärbt ist.

4 Den Tintenfisch bis auf die Tentakel zum Reis geben und mit der restlichen Brühe weitergaren, bis die Brühe aufgesogen und der Reis al dente ist.

5 Die Petersilie waschen, trocken schütteln und fein hacken. Etwas Petersilie unter den Reis mischen, den Rest für die Dekoration beiseitelegen. Das Risotto auf Teller verteilen, die gebratenen Tentakel ebenfalls darauf verteilen und die restliche Petersilie darüberstreuen.

TIPP: Durch die Tinte, den Tintenfisch und die Hühnerbrühe kommt das Gericht normalerweise ohne weitere Gewürze wie Salz und Pfeffer aus. Fragen Sie Ihren Fischhändler des Vertrauens, ob er Ihnen auch die Tinte der ausgenommenen Calamari verkauft.

Zubereitungszeit: ca. 40 Min.
Portionen: 4

Unsere Freundin und kundiger Venedig-Scout Monica Zorzetto zusammen mit Adino Boscolo, dem Inhaber der Trattoria „Ai Vetrai“ auf der Glasbläserinsel Murano.

Koch Giovanni hat für uns Aal auf Lorbeer im Ofen zubereitet. Ein sehr traditionelles Gericht in Murano, bei dem der Aal auf Lorbeerblätter gebettet und während des Backens regelmäßig mit Prosecco übergossen wird.

Auf über 1000 Metern wird der Bergkäse Asiago produziert: ein sehr hochwertiger Käse mit ganz besonderem Aroma. Für diesen Käse wird ausschließlich Milch von Kühen verwendet, die auf der Weide grasen.

Zu Besuch im Caseificio Pennar mit dem Käsemeister Fiorenzo Rigoni.

Baccalà alla vicentina

KLIPPFISCH AUS VICENZA

Dieses Gericht gilt als das Wahrzeichen der Stadt Vicenza. Der Baccalà (Klippfisch), der in vielen Regionen Italiens wegen seiner Vielseitigkeit und der besonderen Haltbarkeit beliebt ist, kommt vor allem im Veneto sehr oft zum Einsatz. Früher benutzte man für dieses Gericht auch Stockfisch. Es eignet sich natürlich auch ein frischer Kabeljau hervorragend.

ZUTATEN

300 g Zwiebeln
40 g Sardellen
180 ml natives Olivenöl extra
ca. 1 kg Baccalà oder Stockfisch in Salz (3 Tage in klarem Wasser entsalzen, Wasser täglich mehrmals wechseln)
Salz
Pfeffer aus der Mühle
etwas Mehl
180 ml Milch
20 g geriebener Grana Padano
1 kleines Bund gehackte Petersilie

ZUBEREITUNG

1 Zwiebeln schälen und in kleine Würfel schneiden. Die Sardellen grob schneiden und zusammen mit den Zwiebeln in der Pfanne erhitzen. 3 bis 4 EL Olivenöl darübergeben und die Sardellen ca. 50 Minuten bei kleiner Hitze dünsten, dabei immer mal wieder wenden.

2 Sobald die Zwiebeln schön maronenbraun sind, den Fisch in drei bis vier rechteckige Stücke teilen. Den Fisch der Länge nach zur Hälfte mit einem Teil der Zwiebeln bestreichen. Mit Salz und Pfeffer würzen. Mit etwas Mehl bestäuben und die zweite Hälfte des Fisches wie ein Sandwich über der Füllung zusammenklappen. Mit einem Messer in etwa 6 cm breite Stücke schneiden.

3 Die Hälfte der restlichen Zwiebeln in einen Topf geben, in dem die Fischstücke aufrecht nebeneinander hineinpassen. Die Fischstücke nebeneinander aufrecht in den Topf stellen, sodass sie sich gegenseitig stützen. Mit den restlichen Zwiebeln bedecken. Mit etwas Mehl bestreuen und mit Salz und Pfeffer würzen. Die Milch darübergießen und alles mit dem Grana Padano bestreuen.

4 Das restliche Olivenöl über die Fische geben und alles bei kleiner Hitze ca. 5 Stunden simmern lassen. Der Inhalt sollte niemals kochen. Der Fisch zerfällt und wird später eher zu einem Fischragout. Zum Schluss noch die gehackte Petersilie in den zerlaufenen Fisch geben. Den Baccalà entweder mit gebratener Polenta oder mit handgemachten Bigoli servieren, so wie es die Tradition im Veneto verlangt.

Zubereitungszeit: ca. 7 Std.
Portionen: 4

Pastisada de caval

PFERDERAGOUT

Ein Gericht, das mich vom ersten Moment an, als ich es sah, begeisterte. Eines der ältesten und wichtigsten Fleischgerichte aus Verona. Das Original aus der Gegend von San Zeno wurde stets aus Pferdefleisch zubereitet. Heutzutage ist es auch in Deutschland nicht mehr so einfach, Pferdefleisch zu bekommen. Doch sollten Sie die Möglichkeit dazu haben, probieren Sie es auf jeden Fall damit aus.

ZUTATEN

800 g Pferdefleisch bzw. Rindfleisch aus der Schulter

400 g geschälte Tomaten (aus der Dose)

2 große weiße Zwiebeln

2 EL natives Olivenöl extra

Salz

Pfeffer aus der Mühle

500 ml kräftiger Rotwein aus dem Veneto

ZUBEREITUNG

1 Das Fleisch, falls nötig, von Fett und Sehnen befreien und in zwei bis drei große Stücke schneiden. Mit dem Nudelholz oder der glatten Seite des Fleischklopfers etwas flach klopfen. Anschließend in grobe Würfel schneiden.

2 Die Tomaten in einer Schüssel mit den Händen zerdrücken. Die Zwiebeln schälen, fein würfeln und in einem kleinen Topf mit dem Olivenöl andünsten. Die Tomaten dazugeben. Mit Salz und Pfeffer würzen und das Fleisch, ohne es anzubraten, dazugeben. Den Wein dazugießen und alles bei schwacher Hitze 3 Stunden langsam schmoren. Das Fleisch wird sehr weich und zerfällt fast.

3 Das Ragout mit gegrillter (siehe S. 98) oder cremig gerührter Polenta servieren. In manchen Gegenden des Veneto wird dieses Ragout auch mit kleinen Gnocchi serviert.

Zubereitungszeit: ca. 3 Std.

Portionen: 4

Cavolfiore gratinato

GRATINIERTER BLUMENKOHL

Blumenkohl wird nicht unbedingt auf Anhieb mit der italienischen Küche in Verbindung gebracht. Aber die Kreuzfahrer brachten die Samen des Blumenkohls aus Kleinasien mit nach Italien, wo er seitdem auch im Veneto angebaut wird. Überbackener Blumenkohl ist deshalb eine gern gesehene Beilage vieler Speisen, kann aber auch – besonders in der kalten Jahreszeit – mit seiner unwiderstehlichen Kruste eine vegetarische Mahlzeit sein.

ZUTATEN

ca. 1 kg Blumenkohl

Salz

300 ml Vollmilch

30 g Butter

20 g Mehl Type 00

frisch geriebene Muskatnuss

Pfeffer aus der Mühle

35 g geriebener Parmigiano Reggiano

ZUBEREITUNG

1 Den Blumenkohl putzen, waschen und in Röschen teilen. Blumenkohl etwa 15 Minuten in Salzwasser garen.

2 Die Milch in einem kleinen Topf erwärmen. In einem weiteren Topf mit dickem Boden die Butter zerlassen und das Mehl vorsichtig einrühren. Leicht bräunen lassen und die heiße Milch dazugeben. Mit einem Schneebesen so lange rühren, bis die Masse homogen ist und keine Klümpchen enthält. Mit Muskatnuss, Salz und Pfeffer würzen und unter ständigem Rühren einige Minuten eindicken lassen. Die Béchamelsauce muss ziemlich flüssig bleiben.

3 Den Backofen auf 180 °C Ober- und Unterhitze vorheizen. Den Blumenkohl abtropfen lassen. Eine Auflaufform mit Butter einfetten, den Blumenkohl hineingeben und mit der Béchamelsauce bedecken und dann gleichmäßig mit dem Parmesan bestreuen.

4 Den Blumenkohl im vorgeheizten Ofen 10 Minuten garen. Dann die Grillfunktion (220 °C) einschalten und den Blumenkohl 10 Minuten goldbraun gratinieren.

Zubereitungszeit: ca. 45 Min.

Portionen: 6

Radicchio trevisano in saor

MARINIERTER RADICCHIO

Wie schon die eingelegten Sardinen wird auch der Radicchio in einer Marinade serviert. Diese Methode ist sehr gängig in der Küche des Veneto, wenn auch die Sardinen das wohl bekannteste Gericht dafür sind. Der Radicchio aus der Gegend von Treviso gilt als besonders feine, zarte und knackige Variante seiner Art. Durch das Garen verliert der Radicchio etwas von seiner Bitterkeit.

ZUTATEN

1 Zwiebel

6 mittelgroße Köpfe Radicchio di Treviso

3 El natives Olivenöl extra

1 TL Zucker

Salz

Aceto balsamico

ZUBEREITUNG

1 Die Zwiebel schälen und in feine Streifen schneiden. Den Radicchio putzen, unansehnliche Blätter entfernen und den Strunk herausschneiden. Die Köpfe jeweils vierteln.

2 Das Olivenöl in einer Pfanne erhitzen und die Zwiebel darin mit 200 ml Wasser 5 Minuten kochen. Den Radicchio hinzufügen und 3 Minuten weiterkochen, den Zucker hinzufügen und alles mit Salz würzen. 50 bis 60 ml Aceto balsamico angießen und weitere 10 Minuten kochen. Der Essig muss verkocht und der Radicchio karamellisiert sein.

3 Den Radicchio heiß oder lauwarm servieren.

Zubereitungszeit: ca. 25 Min.

Portionen: 4–6

Tiramisù

MASCARPONECREME AUF LÖFFELBISKUITS

Tiramisù zählt zu den bekanntesten italienischen Desserts der Welt. Ungenaue Schilderungen erwähnen erstmals im 18. Jahrhundert ein Dessert mit einer Creme Charlotte von Köchen aus Modena und dem Veneto. Erst in den 1930ern wird ein Dessert aus Zabaione im Friaul genannt, das „Coppa Vetturino" heißt und mit dem Ausdruck „Tira mi su", übersetzt „Zieh mich hoch", assoziiert wird. Der Klassiker mit Mascarpone wird allerdings erst in den 50er-Jahren durch das Ristorante „Al Camin" in Treviso im Veneto wirklich weltberühmt. Seitdem streiten sich das Veneto und das Friaul um die tatsächliche Erfindung dieses bekannten Desserts.

ZUTATEN

3 Eier

75 g Zucker (1½ EL pro Eigelb)

300 g Mascarpone

ca. 250 g Löffelbiskuits

ca. 200 ml Kaffee (leicht gesüßt)

ungesüßtes Kakaopulver

Zubereitungszeit: ca. 35 Min.
plus 6 Std. Ruhezeit

Portionen: 6–8

ZUBEREITUNG

1 Die Eier trennen. Eigelbe und 70 g Zucker mit den Qirlen des Handrührgeräts schaumig schlagen. Die Mascarpone zuerst mit einer Gabel etwas zerdrücken und dann nach und nach in die cremige Eiercreme rühren. Das Eiweiß mit dem restlichen Zucker zu Eischnee rühren. Den Eischnee vorsichtig unter die Mascarponecreme heben.

2 Die Löffelbiskuits mit dem Kaffee tränken. Dabei die Löffelbiskuits nur sehr kurz in den Kaffee tunken, der Biskuit sollte nicht weich werden.

3 In einer rechteckigen Auflaufform zuerst sehr wenig Creme verteilen, dann eine Schicht Löffelbiskuits nebeneinander darauflegen. Die Hälfte der Creme darauf verstreichen. Erneut eine Schicht Löffelbiskuits entgegengesetzt der ersten Reihe über der Cremeschicht verteilen, sodass ein Gitter entsteht. Die restliche Creme darauf verteilen und glatt streichen. 2 bis 3 Stunden kühl stellen. Vor dem Servieren mit Kakaopulver bestreuen.

Franciacorta

DIE BESTEN REZEPTE AUS

Lombardia

AUS DEM LAND DER OBERITALIENISCHEN SEEN

Die Küche der Lombardei ist üppig. Kaum eine Region Italiens hat bekanntere Fleischgerichte, allen voran Ossobuco alla milanese. Grana Padano und Gorgonzola gehören zu den wichtigsten Käsesorten, genauso wie ein Franciacorta-Wein oder der Bresaola (luftgetrockeneter Rinderschinken) typische Spezialitäten der Region sind. Mit dem Westufer des Gardasees, dem Comer See und natürlich der Modemetropole Mailand gehört die Lombardei zu den meistbereisten Regionen Italiens.

Tortelli mantovani

TORTELLI MIT KÜRBISFÜLLUNG

Aus Mantua und Umgebung kommen gefüllte Nudeln mit besonderer Geschmacksnote. Die kleinen Nudeltaschen mit einer Mischung von Kürbis, Amaretti und Kompott im Inneren sind geschmacklich ganz anders als alles, was man so kennt. Sie sind fast eine Süßspeise, bekommen aber durch Salbei und Käse noch eine würzige Richtung. Kürbistortelli gehören zu den absoluten Spezialitäten dieser Region.

ZUTATEN

Für die Füllung:

2 kg Kürbis

100 g Amaretti

2–3 EL Apfelkompott oder festes Apfelmus

abgeriebene Schale von 1 Bio-Zitrone

Muskatnuss

Salz

Pfeffer aus der Mühle

50 g frisch geriebener Grana Padano

Für den Teig:

400 g Mehl Type 00

4 Eier

Salz

natives Olivenöl extra

Außerdem:

Butter

Salbeiblätter

Grana Padano

Zubereitungszeit: ca. 1 Std. 45 Min.

Portionen: 4–6

ZUBEREITUNG

1 Für die Füllung den Kürbis je nach Sorte schälen und das Fruchtfleisch in Spalten schneiden. Den Backofen auf 180 °C Ober- und Unterhitze vorheizen. Den Kürbis auf einem Backblech im Ofen etwa 20 Minuten backen. Die Amaretti mithilfe eines Nudelholzes zerkleinern.

2 Wenn das Kürbisfleisch weich ist, mit einer Gabel zerdrücken. Apfelkompott und Amaretti dazugeben, mit Zitronenschale, frisch geriebener Muskatnuss sowie Salz und Pfeffer würzen. Den Grana dazugeben und alles verrühren, etwas ruhen lassen. Ist die Masse zu weich, noch etwas geriebenen Grana hinzufügen.

3 Für den Teig das Mehl auf die Arbeitsfläche geben, in der Mitte eine Mulde formen, Eier, Salz und Öl hineingeben und zu einem glatten Teig verkneten. Den Teig in Frischhaltefolie wickeln und 15 Minuten ruhen lassen.

4 Danach den Teig in zwei Portionen teilen und mit einem Nudelholz oder der Nudelmaschine zu dünnen Teigblättern ausrollen. Die Kürbismasse in einen Spritzbeutel geben und die Füllung alle 8 cm in der Größe eines 50-Cent-Stücks mittig auf den Teig spritzen. Den Teig der Länge nach zuklappen und mit einem gezackten Teigrad Quadrate von ca. 7 bis 8 cm Kantenlänge ausradeln und ggf. mit einem feuchten Tuch bedecken. Alternativ aus den dünnen Teigblättern mit einem gezackten Teigrad Quadrate von ca. 7 bis 8 cm Kantenlänge ausradeln, auf jedes Quadrat ½ TL Füllung geben. Dann schnell zu einem Dreieck schließen und dabei die Teigränder gut verschließen. Das Dreieck zu Tortelli formen oder einfach so belassen.

5 Die Nudeln in reichlich Salzwasser garen. Das Wasser sollte nur sieden, nicht sprudelnd kochen. Die Nudeln sind gar, wenn sie an die Oberfläche steigen. In einer Pfanne reichlich Butter zerlassen und die Salbeiblätter darin braten. Die Tortelli in die Butter geben und gründlich darin schwenken. Die Nudeln mit Salbeibutter anrichten. Mit frisch geriebenem Grana bestreuen.

Pizzoccheri

BUCHWEIZENNUDELN MIT WIRSING UND KARTOFFELN

Pizzoccheri, die Nudeln aus Buchweizen, werden vor allem im Veltlin, in der Nähe der Schweiz, serviert. Buchweizen mit seinem kernigen Geschmack, Käse, Kartoffeln und Wirsing werden zu einem harmonischen Gericht vereint. Man kann die Nähe der Berge in diesem herzhaften Gericht förmlich schmecken. Das typische Gericht für die kalte Jahreszeit spiegelt die bäuerliche Tradition einer reichhaltigen, aber leckeren Speise wider.

ZUTATEN

200 g Buchweizenmehl

50 g Mehl Type 0 oder 00

½ Wirsing

5 Kartoffeln

Salz

Pfeffer aus der Mühle

40 g Grana Padano

80 g Bergkäse (aus dem Valtellina)

3 EL Butter

1 Knoblauchzehe

ZUBEREITUNG

1 In einer Schüssel die Mehle mischen, 50 ml lauwarmes Wasser (im Idealfall 50 °C) langsam zu den Mehlen gießen und dabei den Teig kneten. Den Teig auf der bemehlten Arbeitsfläche 1 bis 2 mm dick ausrollen. Den Teig mit etwas Mehl bestäuben. Die Ränder gerade schneiden und aus dem Teig 6 cm breite Bahnen schneiden. Die Teigbahnen übereinanderlegen und in 1 bis 2 cm dicke Streifen schneiden. Pizzoccheri etwas trocknen lassen.

2 Wirsing putzen, den Strunk herausschneiden und den Wirsing in grobe Stücke schneiden. Die Kartoffeln schälen, waschen, halbieren und in Stücke schneiden. Reichlich Salzwasser aufkochen und die Kartoffeln darin 3 bis 4 Minuten garen, dann den Wirsing und zum Schluss die Pizzoccheri dazugeben. Weitere 6 bis 7 Minuten kochen.

3 Grana Padano reiben und den Bergkäse in Scheiben schneiden. Die Butter in einer Pfanne erhitzen, die Knoblauchzehe in der Pfanne kurz anrösten und wieder herausnehmen. Pizzoccheri, Wirsing und Kartoffeln abtropfen lassen und in einer Auflaufform verteilen. Den Käse hinzufügen und unterrühren. Die zerlassene Butter darübergeben, alles mit Salz und Pfeffer würzen und mischen. Mit einem Tuch abgedeckt kurz ziehen lassen und dann servieren.

Zubereitungszeit: ca. 1 Std.

Portionen: 4

Risotto alla milanese

SAFRANRISOTTO

Es gehört zu den wichtigsten Risottogerichten Italiens überhaupt. Verfeinert mit Safran, guter Brühe und reichlich Butter und Parmesan ist das gelb glänzende Risotto alla milanese sowohl Beilage als auch erster Gang eines üppigen Menüs. In Italien nennt man dieses Risotto auch gerne „Risotto giallo“ oder „Risotto allo zafferano“.

ZUTATEN

1 kleine Zwiebel

natives Olivenöl extra

240 g gute Butter

400 g Carnaroli-Reis

200 ml trockener Weißwein

1 l hochwertige Fleischbrühe

ca. 0,2 g hochwertiger Safran

50 g Parmigiano Reggiano (mind. 24 Monate gereift)

Salz

ZUBEREITUNG

1 Die Zwiebel schälen und in kleine Würfel schneiden. Mit etwas Olivenöl und ca. 1 EL Butter in einem Topf andünsten. Den Reis dazugeben, alles mischen und ebenfalls andünsten. Mit dem Weißwein ablöschen und den Wein einkochen lassen.

2 Die Fleischbrühe erhitzen und den Safran darin auflösen. Danach die Fleischbrühe nach und nach zum Reis in den Topf geben und diesen bei schwacher bis mittlerer Hitze langsam weich werden lassen. Die Brühe sollte vom Reis aufgenommen werden, aber nicht vollständig, da das Risotto etwas flüssig bzw. cremig werden soll.

3 Das Risotto kurz vor Ende der gewünschten Garstufe vom Herd nehmen und die kalte Butter und den geriebenen Parmigiano unterrühren. Dabei ist es wichtig, dass das Risotto keine feste Masse wird, sondern cremig ist.

TIPP: Für cremiges Risotto, das noch al dente sein soll, ist Carnaroli-Reis die beste Wahl.

Zubereitungszeit: ca. 35 Min.

Portionen: 4

Polenta taragna

POLENTA MIT BUCHWEIZEN

Ein typisches Gericht, das aus den Alpentälern rund um Bergamo und Brescia stammt. Durch den verwendeten Buchweizen nannte man dieses Gericht auch „schwarze Polenta". „Tarare" bedeutet nichts anderes als vermengen, die Polenta wurde ursprünglich lange mit einem Stock gerührt. Lange rühren muss man sie immer noch, aber zu Hause nimmt man dafür einen Holzlöffel.

ZUTATEN

10 g Salz

200 g Maisgrieß für Polenta

200 g Buchweizenmehl

50 g Butter

1 Knoblauchzehe

3 Salbeiblätter

200 g Fontina- oder Taleggio-Käse

Pfeffer aus der Mühle

Zubereitungszeit: ca. 1 Std.

Portionen: 6

ZUBEREITUNG

1 2 l Wasser aufkochen und salzen. Mit einem Holzkochlöffel den Maisgrieß und den Buchweizen in einer Schale mischen und die Mischung sehr langsam und nach und nach unter Rühren ins Wasser geben. Die Polenta 60 Minuten unter ständigem Rühren köcheln lassen. Wird die Masse zu fest, immer wieder Wasser dazugeben.

2 Die Butter in einem kleinen Topf zerlassen, den Knoblauch schälen und mit den Salbeiblättern dazugeben. Den Käse in kleine Würfel schneiden.

3 Sobald die Polenta die richtige Konsistenz hat, den Käse dazugeben, unterrühren und in der Polenta schmelzen lassen. Weiterrühren und mit Salz und Pfeffer abschmecken. Die Polenta auf Tellern servieren und mit der Butter beträufeln.

TIPP: Fontinakäse kommt aus dem Aostatal. Der junge Käse ist blassgelb und weich und ideal zum Schmelzen. Taleggio ist eine der ältesten Käsesorten der Lombardei. Der würzige Rotschimmel-Weichkäse mit rötlicher Rinde reift in feuchtem Klima, früher hauptsächlich in Höhlen.

Steil geht es mit der Standseilbahn hoch in die malerische Altstadt (Città Alta) von Bergamo, die von einer 6 km langen Stadtmauer umgeben ist. Bei gutem Wetter hat man einen weiten und schönen Blick über die Ausläufer der Alpen und die Po-Ebene.

In den kleinen Gässchen von Bergamo lässt es sich ganz entspannt bummeln und genießen. Feinschmecker finden von Trüffeln bis Mozzarella alles im Haus der Aromen (links) und wer Süßes liebt oder den kleinen Hunger mit einem Stück Pizza auf die Hand stillen möchte, wird in der Pasticceria Cavour (unten) garantiert fündig.

Polenta e Osei, ursprünglich Polenta mit Wildvögeln aus dem Veneto, wird in Bergamo zu einer traditionellen Süßspeise, die nur optisch an das Originalgericht erinnert.

Cotoletta alla milanese

MAILÄNDER KALBSKOTELETT

Für diesen Klassiker aus der Lombardei mache ich manchmal noch eine Ausnahme in meiner Küche. Kalb steht schon lange nicht mehr auf meinem Speiseplan, doch in Mailand esse ich tatsächlich immer wieder mal ein Cotoletta alla milanese von einem Stück Kalbskarree. Die Version mit dem Knochenstück mag ich persönlich am liebsten.

ZUTATEN

1 kg Kalbskarree am Knochen (entweder am Stück oder einzeln)

4 große Eier

Salz

Pfeffer aus der Mühle

300 g Paniermehl

300 g Butterschmalz zum Frittieren

Zubereitungszeit: ca. 20 Min.

Portionen: 4

ZUBEREITUNG

1 Das Karree am Stück in einzelne Fleisch- bzw. Knochenstücke teilen. Den Knochen von Fleisch, Sehnen und Fett säubern. Die Fleischseite mit etwas Frischhaltefolie abdecken und mit der flachen Seite des Fleischklopfers sehr vorsichtig flach klopfen. Das Fleisch von Fett und Sehnen befreien.

2 Die Eier in einer Auflaufform mit der Gabel verquirlen und mit Salz und Pfeffer würzen. Das Paniermehl in eine weitere Auflaufform oder auf einen flachen Teller geben.

3 Das Fleisch zuerst durch das Ei ziehen, dann im Paniermehl wenden. Erneut durch das Ei ziehen und wieder im Paniermehl wenden. Die Koteletts auf ein Schneidebrett legen und mit einem Messer parallel ein Gittermuster in die Panade schneiden. So verhindert man, dass sich das Fleisch eindreht oder wellig wird.

4 Das Butterschmalz in der Pfanne erhitzen und die Fleischstücke darin auf jeder Seite etwa 4 Minuten goldbraun braten. Die Koteletts auf Küchenpapier abtropfen lassen.

5 Die Koteletts nach Belieben mit Rosmarinkartoffeln (siehe S. 124) servieren. Sie schmecken natürlich auch hervorragend mit einer Zitronenscheibe und einem Blattsalat.

TIPP: Es gibt Methoden, bei denen man zuerst das Fleisch in Mehl, dann im Ei und dann im Paniermehl wendet. Doch bei der klassischen Variante wird das Mehl weggelassen und das Kotelett doppelt paniert.

Ossobuco alla milanese

GESCHMORTE KALBSHAXENSCHEIBEN

In der bekanntesten Version des Ossobuco verwendet man Kalbfleisch, frische oder passierte Tomaten, ein Soffritto zu Beginn und schmort dabei auch die Möhren und den Sellerie mit. Für das traditionelle „Milanese“ nimmt man allerdings auch Rinderbeinscheiben und schmort das Fleisch einfach mit Zwiebeln. Für mich ist es die schönere Version, ohne Tomaten zu schmoren. Die Gremolata, die darübergestreut wird, sorgt für frischen Geschmack.

ZUTATEN

1 l Fleischbrühe

2 Knoblauchzehen

2 mittelgroße Zwiebeln

4 EL Butter

2 EL natives Olivenöl extra

4 Kalbsbeinscheiben

Mehl

Salz

Pfeffer aus der Mühle

1 Zweig Thymian

100 ml trockener Weißwein

1 kleines Bund glatte Petersilie

1 Bio-Zitrone

Zubereitungszeit: ca. 1½ Std.

Portionen: 4

ZUBEREITUNG

1 Die Fleischbrühe aufkochen und warm halten. 1 Knoblauchzehe schälen und 1 bis 2 Minuten in kochendem Wasser blanchieren. Beiseitestellen. Die Zwiebeln schälen und in Streifen schneiden. Die Hälfte der Butter und das Olivenöl in einer großen Pfanne erhitzen und die Zwiebeln darin langsam dünsten. Sobald sie weich sind, herausnehmen und beiseitestellen.

2 Das Fleisch waschen und trocken tupfen. Mehl in einer Auflaufform oder auf einem großen Teller verteilen, mit Salz und Peffer würzen. Das Fleisch parieren (Sehnen und Fettschicht am Fleischrand entfernen) und rundherum zwei- bis dreimal einschneiden, damit es sich beim Anbraten nicht wellt. Das Fleisch rundum im Mehl wenden, sodass es komplett damit bedeckt ist.

3 Die restliche Butter (2 EL) in der Pfanne erhitzen. Die zweite Knoblauchzehe im Ganzen und den Thymianzweig hineingeben. Das Fleisch darin auf beiden Seiten ca. 3 Minuten anbraten, bis eine Kruste entsteht. Darauf achten, dass der Knoblauch nicht verbrennt. Sobald er goldbraun ist, aus der Pfanne nehmen. Das Fleisch mit Weißwein ablöschen, Zwiebeln wieder dazugeben und mit heißer Brühe aufgießen, sodass das Fleisch gerade bedeckt ist.

4 Die Hitze auf die niedrigste Stufe reduzieren und das Fleisch zugedeckt 30 bis 35 Minuten garen. Wenden und weitere 25 Minuten schmoren. Dabei immer wieder etwas Brühe nachgießen. Petersilie waschen und trocken schütteln. Mit dem Knoblauch fein hacken. Zum Servieren das Fleisch mit der Zwiebelsauce anrichten. Mit Petersilie und Knoblauch bestreuen und Zitronenschale darüberreiben. Dazu passen Polenta oder Risotto.

TIPP: Eine klassische Gremolata wird auch über andere Fleischgerichte sowie Risotto oder gar Pasta gestreut. Dafür 1 Zweig Rosmarin, 2 Salbeiblätter, 3 geschälte Knoblauchzehen fein hacken und mit 1 EL gehackter Petersilie sowie abgeriebener Schale von 1 Bio-Zitrone mischen.

Polenta grigliata

GEGRILLTE POLENTA

ZUTATEN

200 g Maismehl

Salz

natives Olivenöl extra

Zubereitungszeit: ca. 1 Std.

Portionen: 4

ZUBEREITUNG

1 In einem Topf 1 l Wasser aufkochen. Maismehl dazugeben und ständig mit einem Kochlöffel umrühren, um Klümpchenbildung zu vermeiden. Die Polenta etwa 40 Minuten köcheln lassen, salzen und von Zeit zu Zeit umrühren. Vom Herd nehmen, sobald sich die Polenta vom Topfrand löst.

2 Die Polenta in einer geölten rechteckigen Pfanne oder auf einem Blech verteilen, glatt streichen und 30 Minuten abkühlen lassen. Sobald die Polenta vollständig abgekühlt ist, in Rechtecke schneiden. Die Polenta auf jeder Seite 5 Minuten grillen oder in einer Grillpfanne auf dem Herd zubereiten. Polenta heiß servieren.

Finocchi alla milanese

PANIERTER FENCHEL

ZUTATEN

1 kg Fenchel (ca. 4 Fenchelknollen)

Salz

1 Ei

Semmelbrösel nach Geschmack

100 g Butter

Zubereitungszeit: ca. 30 Min.

Portionen: 4

ZUBEREITUNG

1 Den Fenchel putzen , dabei den harten Strunk herausschneiden. Den Fenchel in einem großen Topf in reichlich Salzwasser kochen, bis er weich ist und sich leicht mit einer Gabel aufspießen lässt. Abkühlen lassen und längs in dicke Scheiben schneiden.

2 Das Ei verquirlen und die Semmelbrösel auf einen Teller geben. Die Fenchelscheiben zuerst im verquirlten Ei und dann im Paniermehl wenden.

3 Die Butter in einer Pfanne zerlassen und die Fenchelscheiben darin auf beiden Seiten goldbraun braten, zum Schluss salzen und heiß servieren.

Funghi trifolati

GEBRATENE PILZE

Ein sehr einfaches Gericht, bei dem die Wahl und die Qualität der Pilze entscheidend sind. Dieses Rezept funktioniert mit nahezu jedem Pilz. Mit Steinpilzen, die einen nussigen, intensiven Geschmack haben, wird daraus allerdings eine echte Delikatesse. In der Arme-Leute-Küche in den Bergregionen hat man gegen Ende der Garzeit noch zwei Eier verquirlt und diese unter die Pilze gemischt.

ZUTATEN

1 kg Steinpilze oder
ähnlich feste und große Pilze
1 Stiel Petersilie
1 Knoblauchzehe
4 EL natives Olivenöl extra
60 g Butter
Salz

ZUBEREITUNG

1 Die Pilze gut putzen, besonders die Stiele, feucht abreiben, sorgfältig trocknen und in Scheiben schneiden. Die Petersilie waschen, trocken schütteln und fein hacken, den Knoblauch schälen und ebenfalls fein hacken.

2 Das Öl in einer Pfanne erhitzen, die Butter hineingeben und aufkochen. Wenn das Öl und die Butter brutzeln, Petersilie und Knoblauch hinzufügen und einige Minuten anbraten, bis sie gebräunt sind. Die Pilze hinzufügen, mit Salz würzen und bei schwacher Hitze 30 Minuten garen. Heiß zu Polenta oder kalt als Antipasto servieren.

Zubereitungszeit: ca. 20 Min.
Portionen: 4

Torrone di Cremona

NOUGAT AUS CREMONA

Weißer Nougat aus Cremona ist eine besondere Süßspeise und in ganz Italien als Spezialität bekannt. Benannt wurde die Kreation nach einem bestimmten Turm (Torre) in der Stadt, an dessen Form das Nougat erinnern soll. Besonders zu Weihnachten sollen sich wichtige Persönlichkeiten Torrone gegenseitig als Geschenk überreicht haben. Noch heute wird jedes Jahr zu Ehren der Spezialität das sogenannte Torrone-Fest acht Tage lang im November gefeiert.

ZUTATEN

300 g Honig

300 g Zucker

3 Eier

1 Päckchen Vanillezucker

150 g blanchierte Haselnüsse

550 g blanchierte Mandeln

150 g kandierte Früchte

2 rechteckige Backoblaten (Din A4)

Zubereitungszeit: ca. 1 Std. 15 Min. plus Abkühlzeit

Portionen: 8

ZUBEREITUNG

1 Den Honig bei schwacher Hitze in einer Pfanne erhitzen und nach 1 bis 2 Minuten den Zucker hinzufügen. Unter ständigem Rühren ca. 25 Minuten zu hellem Karamell köcheln lassen. Die Masse sollte nicht zu dunkel werden.

2 Die Eier trennen und die Eiweiße zu steifem Eischnee schlagen. Diesen langsam unter Rühren in das Karamell einarbeiten. Die Masse bei schwacher Hitze 40 Minuten weiterrühren. Vanillezucker unterrühren. Die Nüsse, Mandeln und die kandierten Früchte hinzufügen und alles mischen.

3 Eine Backoblate in eine flache Auflaufform geben und die warme Masse daraufgießen. Dann mit der anderen Backoblate bedecken. Die Masse mit einem Tuch andrücken, sodass eine gleichmäßige Oberfläche entsteht. Das Nougat abkühlen lassen, aus der Form nehmen und in gleich große rechteckige Stücke schneiden.

TIPP: Bei der Zubereitung von Torrone ist Geduld gefragt. Besonders das Unterrühren des Eiweißes sollte nicht zu schnell und zu heiß erfolgen, damit nichts anbrennt.

Torta paradiso pavese

PARADIESTORTE

Die Torta paradiso pavese soll im 19. Jahrhundert in Pavia von einem Konditor kreiert worden sein, gilt als ein Symbol der Stadt und gehört zu den traditionellen italienischen Lebensmitteln. Was die Paradiestorte so besonders macht, ist die einzigartige Weichheit, die wie eine Wolke im Mund beschrieben wird. Der Kuchen wird als Dessert mit reichlich Puderzucker bestäubt oder auch zum Frühstück serviert.

ZUTATEN

100 g Mehl Type 00
70 g Kartoffelstärke
3 g Backpulver
170 g weiche Butter
abgeriebene Schale von 1 Bio-Zitrone
abgeriebene Schale von 1 kleinen Bio-Orange
1 Vanilleschote
ca. 190 g Puderzucker
80 g Eigelb (von ca. 4 Eiern, Größe M)
Salz
2 Eier
40 g Zucker

ZUBEREITUNG

1 Mehl, Speisestärke und Backpulver in eine Schüssel sieben und alles verrühren. Die Butter in Würfel schneiden und in eine zweite Schüssel geben. Zitronen- und Orangenschale dazugeben. Die Vanilleschote längs aufschneiden, das Mark herauskratzen und hinzufügen.

2 Die Butter mit den Quirlen des Handrührgeräts verrühren und nach und nach den Puderzucker einarbeiten. Sobald die Masse homogen ist, die Eigelbe mit 2,5 g Salz (ca. 1 Messerspitze) unterrühren.

3 In einer weiteren Schüssel die Eier und den Zucker zu einer schaumigen Creme schlagen. Abwechselnd etwas Eiercreme und die Mehlmischung zur Buttercreme geben und mischen, bis alles verbraucht ist.

4 Den Backofen auf 170 °C Ober- und Unterhitze vorheizen. Eine Springform (24 cm Ø) mit Butter einfetten und mit Mehl bestäuben. Die Creme in der Form verteilen und im vorgeheizten Backofen ca. 45 Minuten backen. 25 Minuten abkühlen lassen und mit Puderzucker bestäuben. 40 Minuten ruhen lassen. Diese Torte mit Vanilleeis und Amarenakirschen servieren.

Zubereitungszeit: 1 Std.
Portionen: 6–8

GELATO

DIE BESTEN REZEPTE AUS

Emilia-Romagna

WO TRADITION GROSS GESCHRIEBEN WIRD

Die Emilia-Romagna gehört zu den wichtigsten Regionen Italiens, wenn es um die traditionelle Küche geht. Fast keine andere Region liefert bekanntere Spezialitäten wie Parmaschinken, Parmesan und Aceto balsamico. Und die klassischen Pastarezepte, die leider anderswo häufig falsch umgesetzt werden. In jedem „Touristen-Restaurant" werden Lasagne, Tortellini alla panna oder Tagliatelle mit Bolognese serviert. Doch in den wenigsten Fällen handelt es sich hierbei um die originalen Rezepte der Region. Doch Fakt ist: Wer ganz authentische Pasta liebt, ist in der Emilia-Romagna bestens aufgehoben.

Gnocco fritto

FRITTIERTE HEFETASCHEN

Diese Spezialität aus der Emilia-Romagna gilt als DAS Streetfood und Antipasto eines jeden Restaurants. Frittierter Teig, den man meist mit Prosciutto di Parma belegt serviert bekommt. Mit einem leichten Aperitivo sind die Hefetaschen ein wunderbarer Starter für einen schönen Abend.

ZUTATEN

100 ml Milch

500 g Mehl Type 0 oder 00

7 g Trockenhefe

5 g Zucker

15 g Salz

35 g Schweineschmalz

ca. 1 l Pflanzenöl zum Frittieren

Zubereitungszeit: ca. 30 Min. plus Ruhezeit

Portionen: 50 Stück

ZUBEREITUNG

1 Milch mit 125 ml Wasser mischen. In einer zweiten Schüssel das Mehl und die Hefe miteinander mischen. Zucker und Salz dazugeben. Schmalz dazugeben und unterrühren. Anschließend die Wasser-Milch-Mischung nach und nach dazugeben und alles zu einem homogenen Teig kneten. Den Teig auf eine bemehlte Arbeitsfläche geben und nochmals etwas durchkneten. Zu einer Kugel formen, in einer Schüssel mit Frischhaltefolie abgedeckt mindestens 6, maximal 12 Stunden kühl stellen.

2 Nach der Ruhezeit die Arbeitsfläche mit Mehl bestreuen, den Teig in vier Stücke teilen und jedes Stück zu dünnen Bahnen ausrollen. Jede Bahn sollte etwas 8 bis 10 cm breit und 1 bis 2 mm dünn sein. Den Teig in Stücke von etwa 7 mm Länge mit einem Messer oder Teigroller schneiden. Es sollte etwa 40 bis 50 Teigstücke ergeben.

3 Das Öl in einem Topf auf 170 °C erhitzen und jeweils drei Gnocchi gleichzeitig darin frittieren. Auf Küchenpapier abtropfen lassen. Gnocchi fritti werden als Antipasto serviert. Man belegt sie mit rohem Schinken, ähnlich wie eine Bruschetta oder wie ein Grissini.

Bar Castello

Passatelli in brodo

BROTNUDELN IN BRÜHE

Dies ist vielleicht eine der einfachsten Suppen Italiens, gehört in der Emilia-Romagna aber zur absoluten Tradition und somit zum Sonntagsritual in fast jeder Familie. Die Suppe besteht aus ganz wenigen Zutaten, ist schnell zubereitet und doch wunderbar im Geschmack. Für die Zubereitung empfiehlt sich die Verwendung einer Kartoffelpresse mit runden Löchern.

ZUTATEN

100 g Semmelbrösel
100 g geriebener Parmigiano
2 Eier (Größe M)
Salz
Pfeffer aus der Mühle
frisch geriebene Muskatnuss
abgeriebene Schale von 1 Bio-Zitrone
1½ l Rindfleischbrühe
ein paar Stiele Petersilie

Zubereitungszeit: ca. 45 Min. plus Ruhezeit
Portionen: 4

ZUBEREITUNG

1 Paniermehl und geriebenen Parmesan in eine Schüssel geben. Die Eier in eine zweite Schüssel geben und verrühren. Mit Salz, Pfeffer, 1 Prise Muskatnuss und Zitronenschale würzen.

2 Die Eier zum Paniermehl geben und alles gut mischen, sodass eine homogene Masse entsteht. Sollte die Masse zu fest sein, löffelweise etwas Brühe dazugeben. Ist die Masse zu weich oder zu flüssig, wird sie mit ein wenig Paniermehl und noch etwas geriebenem Parmesan wieder kompakter. Den Teig in Frischhaltefolie wickeln und 2 Stunden bei Zimmertemperatur ruhen lassen.

3 Die Brühe aufkochen. Den Teig halbieren und jedes Stück durch die Kartoffelpresse in die Brühe drücken, sodass Passatelli in der Länge von 4 bis 5 cm entstehen. Passatelli in die Brühe geben und ca. 3 Minuten garen. Passatelli in der Brühe heiß servieren. Nach Belieben mit etwas klein gehackter Petersilie bestreuen.

TIPP: Den Teig durch eine Kartoffelpresse zu drücken, geht am einfachsten und kommt den originalen Passatelli in der Form am nächsten. Alternativ kann der Teig auch mit dem Nudelholz auf der bemehlten Arbeitsfläche ausgerollt und in die entsprechende Größe geschnitten werden.

Erbazzone

MANGOLDTORTE

Früher ein Arme-Leute-Essen, wird der Erbazzone heute auch und vor allem in den guten Restaurants oft als Vorspeise oder Gruß aus der Küche serviert. Erbazzone ist aber auch ein traditionelles Mitbringsel für ein Picknick zu Ostern mit der Familie.

ZUTATEN

200 g Mehl Type 00

1 EL Schmalz

1,5 kg Mangold

Salz

3 Frühlingszwiebeln

1 kleines Bund Petersilie

50 g Pancetta (für die vegetarische Version den Pancetta weglassen)

2–3 EL natives Olivenöl extra

1 Knoblauchzehe

4–5 EL geriebener Parmesan

1 Ei

Pfeffer aus der Mühle

Zubereitungszeit: ca. 1½ Std.

Portionen: 6–8

ZUBEREITUNG

1 Das Mehl in eine Schüssel geben, zunächst das Schmalz einarbeiten, dann so viel lauwarmes Wasser (ca. 100 ml) dazugeben, dass ein weicher Teig entsteht. Den Teig zu einer Kugel formen, in Frischhaltefolie wickeln und 30 Minuten bei Zimmertemperatur ruhen lassen.

2 Den Mangold putzen, dabei vorhandene Fäden entfernen und große harte Rippen herausschneiden. Den Mangold waschen und grob zerkleinern. In Salzwasser ca. 2 Minuten blanchieren, abschrecken, gut ausdrücken und klein hacken.

3 Frühlingszwiebeln putzen. Petersilie waschen und trocken schütteln. Frühlingszwiebeln, Petersilie und Pancetta fein hacken.

4 In einer großen Pfanne das Olivenöl erhitzen, Zwiebeln, Petersilie, Pancetta und Knoblauch hineingeben und andünsten. Sobald die Zwiebeln glasig sind, den Knoblauch entfernen, den Mangold hinzufügen und alles ca. 10 Minuten dünsten. Das Gemüse in eine Schüssel füllen und mit dem geriebenen Parmesan und dem Ei vermengen. Mit Salz und Pfeffer abschmecken.

5 Den Teig in zwei gleich große Stücke teilen und beide Teigstücke etwas größer als eine Springform (24 cm Ø) ausrollen. Die Springform mit Butter einfetten und mit Paniermehl ausstreuen. Die größere Teigplatte so auf die Backform legen, dass der Boden und die Ränder ca. 2 cm hoch bedeckt sind. Die Gemüse-Käse-Mischung gleichmäßig auf der unteren Teigplatte verteilen und dann mit der verbliebenen kleineren Teigplatte abschließen; dabei die Ränder gut verschließen, ggf. überschüssigen Teig abschneiden.

6 Den Backofen auf 180 °C Ober- und Unterhitze vorheizen. Den Teig mit Olivenöl bepinseln und mit einer Gabel Löcher in den Deckel stechen. Im vorgeheizten Backofen gut 30 Minuten backen, bis die Oberfläche des Erbazzone leicht goldbraun ist. Lauwarm oder auch kalt servieren.

Tortellini alla crema di latte

TORTELLINI IN MILCH-PARMESAN-CREME

Ein Gericht, das es sonst überall als Tortellini alla panna gibt, wird in Bologna nach alter Tradition aus „Panna di affioramento" gemacht. Das ist Milch, die über Nacht im Kühlschrank Rahm ansetzt. Daraus wird dann mit Parmesan und Fleischbrühe eine „Crema di Parmigiano" zubereitet. Ein unvergleichbarer Geschmack, den man leider so selbst in Italien nur noch in sehr wenigen Restaurants serviert bekommt.

ZUTATEN

200 ml Milch
200 g Mehl Type 00
3 Eier
Salz
natives Olivenöl extra
110 g Schweinerücken
50 g Mortadella
45 g gekochter Schinken (Prosciutto cotto)
300 g Parmigiano Reggiano (mind. 24 Monate, besser 30 Monate gereift)
Pfeffer aus der Mühle
frisch geriebene Muskatnuss
1 l Fleischbrühe

Zubereitungszeit: ca. 1 Std. plus Ruhezeit
Portionen: 4

ZUBEREITUNG

1 Die Milch in eine Schüssel geben, mit Frischhaltefolie abdecken und über Nacht in den Kühlschrank stellen. Nach 24 Stunden die Milch mit den Quirlen des Handrührgeräts auf mittlerer Stufe aufschlagen. Über Nacht setzt sich auf der Oberfläche Rahm ab, der so in die gesamte Milch eingerührt wird. Die Milch beiseitestellen.

2 Das Mehl in eine Schüssel geben, 2 Eier und 1 Prise Salz hinzufügen. 1 Schuss Öl dazugeben und alles zu einem homogenen Teig verrühren. Den Teig in Frischhaltefolie wickeln und in den Kühlschrank legen.

3 Den Schweinerücken so fein wie möglich würfeln. Fleisch, Mortadella und Schinken im Küchenmixer so fein wie möglich mixen. 50 g Parmesan und 1 Ei zur Fleischmasse geben. Mit Salz, Pfeffer und 1 Prise Muskatnuss würzen.

4 Den Teig mit der Nudelmaschine auf kleinster Stufe bzw. mit dem Nudelholz 1 bis 2 mm dünn ausrollen. Daraus 3 × 3 cm große Quadrate schneiden.

5 Die Fleischmasse in der Größe einer 5-Cent-Münze mittig auf den Teigquadraten verteilen und diese zu Dreiecken zusammenklappen. Dann die ungefüllten Seiten der Tortellini mit dem Zeigefinger um den Daumen legen und andrücken. Zum Schluss die abstehende Ecke hinter die Masse zur typischen Tortellini-Form klappen.

6 Den Milchrahm in einem kleinen Topf erhitzen und den restlichen Parmesan (250 g) langsam einrühren, bis die Milch dicklich wird.

7 Die Brühe aufkochen und etwas einkochen lassen. Die Tortellini 2 bis 3 Minuten darin garen. Die Hitze herunterschalten und die Parmesanmilch unterrühren. Die Tortellini in einem tiefen Teller mit der Sauce servieren. Sie sollte noch flüssig sein. Nach Belieben mit frisch geriebener Muskatnuss bestreuen.

Ragù alla bolognese

BOLOGNESER HACKFLEISCHSAUCE

Bolognese ist die wichtigste italienische Pastasauce, die auf der ganzen Welt bekannt ist. Und eine, die es weltweit wohl in den meisten Abwandlungen und Varianten gibt. In Italien stellt sich die Frage nicht, was in ein Ragù alla bolognese hineinkommt, denn für dieses Gericht gibt es nur ein wahres Rezept. Und das ist niedergelegt bei der Accademia Italiana della Cucina in den 80er-Jahren, nur dieses Rezept zählt als Original. Ein Ragù bolognese wird in der Emilia-Romagna auch ausschließlich mit Pappardelle, maximal mit Tagliatelle serviert. Nichtsdestotrotz gibt es auch in Italien unzählige Rezepte für eine Sauce aus gehackten Fleischstücken bzw. Hackfleisch. Doch ganz gleich in welche Region man reist, nennt man diese Varianten einfach nur Ragù.

ZUTATEN

150 g Pancetta oder Räucherspeck
50 g Zwiebel
50 g Möhre
50 g Staudensellerie
natives Olivenöl extra
300 g Rinderhackfleisch
100 ml Rotwein
300 g passierte Tomaten (aus der Dose)
150 ml Gemüsebrühe
150 ml Milch
Salz
Pfeffer aus der Mühle
500 g Pappardelle

Zubereitungszeit: ca. 2–4 Std.
Portionen: 4

ZUBEREITUNG

1 Pancetta bzw. Speck in sehr feine Würfel schneiden und anschließend noch feiner hacken. Zwiebel, Möhre und Sellerie schälen bzw. putzen und ebenfalls so fein wie möglich würfeln.

2 Den Speck in einem mittelgroßen Topf bei kleiner Hitze anbraten. 3 EL Olivenöl und das Gemüse dazugeben. Alles ganz langsam andünsten. Das Hackfleisch dazugeben und mit einem Holzlöffel so klein wie möglich zerteilen. Mit dem Rotwein ablöschen und alles miteinander mischen. Die Tomaten dazugeben, einen Deckel so auf den Topf legen, dass noch ein kleiner Spalt offen bleibt. Die Sauce bei schwacher Hitze ca. 2 Stunden köcheln lassen.

3 Sobald ein Großteil der Flüssigkeit verkocht ist, immer wieder esslöffelweise Brühe dazugeben. Das originale Ragù ist niemals eine flüssige Sauce. Etwa 15 Minuten vor Ende der Kochzeit die Milch hinzufügen und unterrühren. Mit Salz und Pfeffer würzen. Die Pasta in Salzwasser kochen.

4 Zum Servieren die gekochte Pasta direkt aus dem Nudelwasser in den Topf mit der Sauce geben und alles vorsichtig, aber gleichmäßig durchmischen. Nach Belieben mit Parmesan bestreuen.

TIPP: Die Zubereitungszeit hängt davon ab, wie viel Zeit Sie Ihrer Sauce geben möchten. Das Ragù kann 2, aber gerne auch 4 Stunden vor sich hin simmern.

Lasagne all'emiliana

TRADITIONELLE LASAGNE AUS DER EMILIA-ROMAGNA

Sie gilt als die einzig wahre Lasagne. Gefüllt mit einem Ragù alla bolognese, dass es nur in dieser Region gibt, und gebettet auf bis zu neun Schichten grüne Lasagneblätter. Diese Lasagne ist ganz anders als das, was man hierzulande als Lasagne serviert bekommt, und erfordert etwas Zeit. Doch die Mühe ist sie allemal wert.

ZUTATEN

Für den Teig:

400 g frischer Spinat

Salz

350 g Mehl Type 00

3 Eier

Für die Béchamelsauce:

1–2 EL Butter

1–2 EL Mehl

500 ml Milch

Salz

Peffer aus der Mühle

frisch geriebene Muskatnuss

Für das Ragù:

1 Rezept Ragù alla bolognese (siehe S. 114)

Außerdem:

geriebener Parmesan

Zubereitungszeit: ca. 1 Std. 20 Min.

Portionen: 4–6

ZUBEREITUNG

1 Spinat verlesen und waschen, grobe Stiele entfernen. Spinat in Salzwasser kurz blanchieren, mit Eiswasser abschrecken und gründlich ausdrücken. Im Küchenmixer sehr fein pürieren. Spinat, Mehl und Eier verrühren und alles zu einem homogenen Teig verkneten. In Frischhaltefolie wickeln und mindestens 30 Minuten ruhen lassen.

2 Für die Béchamelsauce die Butter in einem Topf zerlassen und das Mehl unter Rühren darin leicht anschwitzen. Die Milch unter ständigem Rühren nach und nach dazugießen, dabei darauf achten, dass keine Klümpchen entstehen. Aufkochen und einige Minuten köcheln lassen, bis eine dickliche Sauce entsteht. Mit Salz, Pfeffer und Muskatnuss würzen.

3 Den Boden der Auflaufform mit Ragù bestreichen und mit einer Nudelplatte belegen. Etwas Béchamelsauce darauf verteilen und darauf etwas Ragù geben. Mit Parmesan bestreuen und mit einer Nudelplatte belegen. So fortfahren, bis alle Nudelplatten verbraucht sind. Die letzte Nudelplatte mit geriebenem Parmesan bestreuen. Die Auflaufform mit Alufolie abdecken.

4 Den Backofen auf 180 °C Ober- und Unterhitze vorheizen. Die Lasagne 40 Minuten darin backen. Die Lasagne sofort heiß servieren. Am nächsten Tag aufgewärmt schmeckt die Lasagne aber noch besser.

TIPP: Die Nudelplatten sollten je nach Größe der Auflaufform zurechtgeschnitten werden. Je mehr Lagen, desto besser.

Die „Antica Osteria del Mirasole“ in San Giovanni in Persiceto: Franco Cimini, Koch und Inhaber, gründete 1989 das Lokal, das sich dem ursprünglichen Geschmack der traditionellen Rezepte der Region widmet. Heute produziert die Familie vor allem Milchprodukte im eigenen Hof.

Die Essigmanufaktur „La Vecchia Dispensa“ in Castelvetro bei Modena produziert hochwertige Balsamico-Essige der absoluten Spitzenklasse.

Simone Tintori (oben) hat mittlerweile den Familienbetrieb übernommen, der Anfang des 20. Jahrhunderts gegründet worden war, und ist ein wahrer Meister seines Fachs.

Rosa di Parma

RINDERROLLBRATEN

Eines der Fleischgerichte der Emilia-Romagna, das alle typischen Zutaten der Region vereint: den Prosciutto di Parma, den Parmigiano Reggiano und den Lambrusco. Letzterer galt außerhalb von Italien lange als gezuckerter Billigwein. In der Emilia-Romagna gibt es Lambrusco von außerordentlicher Qualität, den Sie auf jeden Fall mal probieren sollten. Der Weinhändler Ihres Vertrauens wird Ihnen auch hierzulande einen hervorragenden Lambrusco für dieses Gericht empfehlen können.

ZUTATEN

800 g Rinderfilet (aufgeschnitten wie eine große Roulade)
200 g Parmaschinken
60 g Parmigiano Reggiano
natives Olivenöl extra
20 g Butter
1 Zweig Rosmarin
1 Knoblauchzehe
200 ml guter Lambrusco
100 ml Marsala oder Vin Santo (ital. Dessertwein)
100 g Kochsahne
Salz
Pfeffer aus der Mühle

Zubereitungszeit: ca. 45 Min.

Portionen: 4

ZUBEREITUNG

1 Das Rinderfilet mit dem Parmaschinken belegen. Den Parmesan in Späne daraufhobeln. Die Fleischscheibe zu einem Rollbraten einrollen und mit Küchengarn in einem Abstand von jeweils 1 cm fest zusammenbinden.

2 In einem Bräter oder einem breiten Topf 2 EL Olivenöl und die Butter stark erhitzen, die Butter sollte aber nicht verbrennen. Den Rosmarinzweig und die Knoblauchzehe im Ganzen dazugeben und das Fleisch rundherum im Öl anbraten. Das Fleisch mit dem Lambrusco und dem Marsala ablöschen. Die Hitze reduzieren, und das Fleisch zugedeckt 25 Minuten garen. Dabei das Fleisch immer wieder wenden.

3 Das Fleisch anschließend aus dem Sud nehmen und in Alufolie wickeln, damit es etwas ruhen kann. Rosmarin und Knoblauch aus der Sauce nehmen. Die Sahne dazugeben, mit Salz und Pfeffer würzen und die Sauce etwas einkochen lassen.

4 Zum Servieren das Fleisch in Scheiben schneiden und mit der Sauce und einer Beilage nach Wahl, z. B. Rosmarinkartoffeln (siehe S. 124), anrichten.

MEDICINAIS
E DE
MESA

Patate al rosmarino

ROSMARINKARTOFFELN

ZUTATEN

800 g gelbfleischige festkochende Kartoffeln
Salz
1 Knoblauchzehe
1 Zweig Rosmarin
natives Olivenöl extra

Zubereitungszeit: ca. 50 Min.
Portionen: 4

ZUBEREITUNG

1 Die Kartoffeln waschen und gründlich abbürsten. (Die Kartoffeln können auch geschält werden.) Kartoffeln 10 Minuten in Salzwasser kochen und abtropfen lassen.

2 Die Knoblauchzehe schälen und hacken. Rosmarin waschen, trocken schütteln und hacken.

3 Den Backofen auf 200 °C vorheizen. Die Kartoffeln in Spalten oder Würfel schneiden und in einer Auflaufform oder auf einem Blech verteilen. Knoblauch und Rosmarin darüberstreuen und alles gut mischen. Im vorgeheizten Backofen ca. 30 Minuten garen. Erst gegen Ende der Garzeit salzen. Kartoffeln in der Auflaufform servieren.

Friggione bolognese

TOMATEN-ZWIEBEL-RAGOUT

ZUTATEN

2,5 kg weiße Zwiebeln
Salz
1 TL Zucker
2 TL Butterschmalz
200 g geschälte Tomaten (aus der Dose)
Pfeffer aus der Mühle

ZUBEREITUNG

1 Die Zwiebeln schälen und in feine Scheiben schneiden. Mit 1 TL Salz und dem Zucker mischen. Mindestens 4 Stunden marinieren lassen und dabei gelegentlich umrühren.

2 Die Zwiebeln mitsamt Flüssigkeit im Butterschmalz in einer Pfanne bei schwacher Hitze mindestens 2 Stunden köcheln lassen, dabei gelegentlich umrühren. Wenn die Zwiebeln dunkel geworden sind, die geschälten Tomaten hinzufügen und mindestens 1½ Stunden weitergaren. Mit Salz und Pfeffer abschmecken. Servieren Sie die Friggione auf Crostini oder als Beilage zu Fleisch oder Polenta.

Zubereitungszeit: ca. 5–6 Std.
Portionen: 4

Asparagi alla parmigiana emiliana

SPARGEL MIT PARMESAN

Im Frühling ist Spargelzeit. Ob weiß oder grün: Spargel mit Parmesan ist eine einfache, aber wunderbare Beilage zu Fleisch und Fisch oder auch ein vegetarisches Hauptgericht. Wenn sich die heiße Butter mit dem Käse verbindet, entsteht ein ganz besonderer Geschmack.

ZUTATEN

800 g weißer oder grüner Spargel

Salz

100 g Butter

120 g geriebener Parmesan

Pfeffer aus der Mühle

Zubereitungszeit: ca. 20 Min.

Portionen: 4

ZUBEREITUNG

1 Den Spargel waschen, den weißen Spargel schälen und die holzigen Enden abschneiden. Grünen Spargel nur im unteren Drittel schälen, die holzigen Enden abschneiden.

2 Spargel in Salzwasser ca. 12 Minuten garen, abtropfen lassen und auf einer Platte anrichten. Die Butter zerlassen, über den Spargel gießen und mit Parmesan bestreuen. Mit frisch gemahlenem Pfeffer bestreuen.

Torta tenerina emiliana

SCHOKOLADENKUCHEN

Kein Restaurant oder Café in der Emilia-Romagna, das diesen klassischen Schokoladenkuchen nicht auf der Karte hat. „Tenero" bedeutet so viel wie weich oder zart und beschreibt die Konsistenz dieses intensiv schokoladig schmeckenden Kuchens sehr gut. Der dünne Deckel zerbricht beim Backen und sorgt für eine knusprige Kruste und das klassische Aussehen.

ZUTATEN

200 g Blockschokolade
100 g kalte Butter
4 Eier (Größe M)
150 g Zucker
50 g Mehl Type 00
Puderzucker zum Bestäuben

Zubereitungszeit: ca. 1 Std.
Portionen: 6–8

ZUBEREITUNG

1 Die Schokolade klein schneiden und über dem heißen Wasserbad schmelzen lassen. Die Butter nach und nach unter Rühren dazugeben. Die Temperatur der geschmolzenen Schokolade sollte 50 °C nicht überschreiten (mit einem Thermometer überprüfen). Nach Zugabe der kalten Butter sollte die Masse nicht wärmer als 35 °C sein, weil sich sonst die Butter von der Schokolade trennt. Die Schokoladenbutter beiseitestellen, aber immer wieder mit einem Silikonspatel verrühren.

2 Die Eier trennen. Eiweiße mit der Hälfte des Zuckers schaumig schlagen. Die Eigelbe mit dem restlichen Zucker cremig rühren. Die Schokoladenbutter langsam zu den Eigelben geben und unterrühren. Den Eischnee in drei Portionen vorsichtig unterheben. Das Mehl nach und nach in die Masse einrühren.

3 Den Backofen auf 180 °C Ober- und Unterhitze vorheizen. Eine runde Backform (23 cm Ø) mit Butter einfetten und mit Mehl bestäuben. Die Kuchenmasse in die Form gießen und im vorgeheizten Ofen ca. 30 bis 35 Minuten backen. Den Kuchen aus dem Backofen nehmen und komplett abkühlen lassen. Beim Abkühlen bekommt die Oberfläche des Kuchens Risse. Den Kuchen vor dem Servieren mit Puderzucker bestäuben.

TIPP: Der Schokoladenkuchen ist im Inneren sehr weich und schmelzend. Deshalb sollte er möglichtst nicht im Ganzen angehoben werden, weil er sonst auseinanderfällt.

DIE BESTEN REZEPTE AUS

Liguria

DIE HEIMAT DES BERÜHMTESTEN PESTOS ITALIENS

In Ligurien haben Meer und Berge eine ganz besondere Küche geprägt. Am bekanntesten ist vermutlich das frische Basilikumpesto Pesto alla genovese, das im Handumdrehen jede Pasta veredelt. Mit Käse gefüllte Focaccia kann auch im Stehen gegessen werden, noch besser schmeckt sie allerdings mit einem Glas Vermentino. Zum Mitnehmen auf die Hand gibt es Farinata aus Kichererbsenmehl. In Ligurien spielen natürlich auch unzählige Fischgerichte eine große Rolle. Doch genauso wichtig ist auch der Anbau von Oliven, Taggiasca-Oliven gehören zu den allerbesten der Welt.

Farinata di ceci ligure

KICHERERBSENFLADEN

Farinata ist das ligurische Streetfood schlechthin. Serviert in Bars, in Imbissen, an Straßenständen und sogar als Antipasto in Restaurants, ist diese Spezialität aus Kichererbsenmehl aus der Küche Liguriens nicht wegzudenken. Ähnliche Varianten gibt es auch in der Toskana und in Sizilien.

ZUTATEN

300 g Kichererbsenmehl

120 ml natives Olivenöl extra

10 g Salz

Pfeffer aus der Mühle

ZUBEREITUNG

1 Kichererbsenmehl mit 900 ml lauwarmem Wasser zu einem glatten Teig verrühren. Mit Frischhaltefolie abdecken und 4 bis 8 Stunden bei Zimmertemperatur ruhen lassen. Dabei immer wieder umrühren.

2 Nach der Ruhezeit 50 ml Olivenöl und das Salz zum Teig geben und unterrühren. Den Backofen auf 250 °C Ober- und Unterhitze vorheizen. Drei Backformen (32 cm Ø) oder Pfannen mit Öl (20–25 ml pro Form) einfetten. Den Teig unter Rühren in die Formen gießen.

3 Die Torten nacheinander im vorgeheizten Ofen auf der untersten Schiene zuerst 10 Minuten backen, dann 10 bis 15 Minuten auf der oberen Schiene. Oder bei 220 °C Umluft 7 bis 8 Minuten. Die Farinata soll goldbraun werden, aber nicht zu dunkel und sich gut aus der Form lösen. In Stücke schneiden, schwarzen Pfeffer darübergeben und heiß servieren.

TIPP: Für eine würzige Note kann noch klein gehackter Rosmarin unter den Teig gerührt werden.

Zubereitungszeit: ca. 35 Min. plus Ruhezeit

Portionen: 6–8

Focaccia di Recco

FLADENBROT MIT FRISCHKÄSE

Ganz anders als seine Brotverwandten aus Ligurien ähnelt diese Focaccia keinem flachen Weißbrot, sondern eher einem orientalischen Pide bzw. arabischen Brot, gefüllt mit Käse. Diese Spezialität stammt aus dem Ort Recco und wird dort auch Focaccia al formaggio oder Fugassa co formaggio genannt. Für diese Focaccia eignet sich idealerweise ein Manitoba-Mehl, das es mittlerweile auch in vielen Supermärkten in Deutschland gibt.

ZUTATEN

400 g Manitoba-Mehl
oder Mehl Type 00
8 g Salz
30 ml natives Olivenöl extra
400 g Stracchino
(italienischer Frischkäse)

ZUBEREITUNG

1 Mehl, Salz, 220 ml lauwarmes Wasser und 20 ml Olivenöl in einer Schüssel mit der Küchenmaschine oder mit den Knethaken des Handrührgeräts zu einem Teig verrühren. Den Teig auf einer bemehlten Arbeitsfläche mit den Händen noch ein wenig durchkneten, flach drücken und wie ein Handtuch immer wieder drei- bis viermal falten. Mit einem Tuch bedecken und 20 Minuten bei Zimmertemperatur ruhen lassen.

2 Nach der Ruhezeit den Teig halbieren und zu Kugeln formen. Die Kugeln in eine Auflaufform geben, mit Frischhaltefolie bedecken und 1 Stunde im Kühlschrank ruhen lassen. Herausnehmen und nochmals ca. 15 Minuten bei Zimmertemperatur ruhen lassen. Zuerst ein Teigstück auf der bemehlten Arbeitsfläche mit dem Nudelholz auf die Größe eines, wenn vorhanden, runden Backblechs ausrollen.

3 Das Backblech mit Olivenöl einfetten und die erste Lage Teig so ausbreiten, dass auch die Ränder bedeckt sind. Den Frischkäse löffelweise alle paar Zentimeter auf dem Teig verteilen und anschließend etwas Olivenöl darüberträufeln. Anschließend das nächste Teigstück auf der bemehlten Arbeitsfläche ausrollen. Diese Schicht so über den Frischkäse legen, dass auch der Rand des Backblechs bedeckt ist. Nach alter Tradition wird die obere Teigschicht ein paarmal mit den Fingern eingerissen, damit der Teig keine Blasen wirft.

4 Den Backofen auf 250 °C Ober- und Unterhitze vorheizen. Das restliche Olivenöl mit 30 ml Wasser und 1 Prise Salz verrühren und die Oberfläche damit bestreichen. Die Focaccia 7 bis 8 Minuten im vorgeheizten Ofen backen. Dabei darauf achten, dass die Focaccia nicht verbrennt. Focaccia etwas abkühlen lassen und in Stücke schneiden.

Zubereitungszeit: ca. 2 Std. 30 Min.
Portionen: 6–8

Torta Pasqualina

SPINATTORTE

ZUTATEN

Salz

600 g Mehl Type 00

60 ml natives Olivenöl extra

½ Zwiebel

1,5 kg geputzter Spinat

Pfeffer aus der Mühle

3 Zweige frischer Majoran

12 Eier (Größe M)

190 g geriebener Parmesan

500 g Ricotta aus Kuhmilch

frisch geriebene Muskatnuss

Zubereitungszeit: ca. 2 Std. 45 Min.

Portionen: 4–6

ZUBEREITUNG

1 350 ml Wasser und 1 Prise Salz mischen. Mehl in eine Schüssel geben und das Salzwasser hineinrühren. 35 ml Olivenöl dazugeben. Alles zu einem homogenen Teig verkneten. Auf der bemehlten Arbeitsfläche weiterkneten. Den Teig mindestens 10 bis 15 Minuten bearbeiten. Aus dem Teig vier Kugeln formen, zwei à etwa 300 g und zwei à etwa 180 g. Die Kugeln mit einem feuchten Tuch bedecken und ca. 1 Stunde an einem kühlen Ort ruhen lassen.

2 Die Zwiebel schälen und fein hacken. Das restliche Olivenöl (25 ml) erhitzen und die Zwiebel darin andünsten. Den Spinat dazugeben und 3 bis 4 Minuten dünsten. Mit Salz und Pfeffer würzen. Beiseitestellen und abkühlen lassen. Spinat abgießen und klein schneiden. Majoran waschen, trocken schütteln und fein hacken. 2 Eier und 50 g Parmesan zum Spinat geben. Majoran dazugeben und alles mischen. Mit Salz und Pfeffer würzen.

3 Den Ricotta in eine weitere Schüssel geben und cremig rühren. 3 Eier verquirlen und mit dem Ricotta mischen. 90 g Parmesan unterrühren, mit Salz und etwas Muskatnuss würzen. Alles gut verrühren.

4 Eine runde Backform (30 cm Ø) mit etwas Olivenöl einfetten. Eine Teigkugel à 300 g auf der Arbeitsfläche ausrollen und so über die Backform legen, dass die Ränder komplett bedeckt sind. Den Teig in der Form andrücken. Danach erneut einen 300-g-Teig ausrollen und über den anderen Teig legen. Den Spinat darauf verteilen. Die Ricottacreme hinzufügen und auseinanderstreichen. Mit der Rückseite eines Suppenlöffels sieben Mulden (sechs Mulden am Rand und eine in der Mitte) in die Creme drücken.

5 Die restlichen Eier trennen und die Eigelbe vorsichtig in die Mulden geben. Die Eiweiße mit 1 Prise Salz schaumig schlagen. Über den Eiern und der Ricottacreme verteilen. Den restlichen Parmesan darauf verteilen. Die restlichen Teigkugeln ausrollen und eine Lage über dem Gemüse verteilen. Mit Olivenöl bestreichen. Die letzte Teigschicht darauflegen und die Ränder der Teigschichten nach innen klappen, sodass ein schöner Rand entsteht.

6 Den Backofen auf 180 °C Ober- und Unterhitze vorheizen. Den Kuchen mit Öl bepinseln und die Ränder mit den Zinken einer Gabel gut flach drücken. Den Kuchen im vorgeheizten Ofen auf der untersten Schiene ca. 55 Minuten backen. Herausnehmen und abkühlen lassen. Dann in Stücke schneiden, die Spinatcreme sowie die Eigelbe sollten zu sehen sein.

**Einkaufen in der Markthalle in Sanremo wird zu einem Fest für die Sinne: frischer Fisch, Käse, so weit das Auge reicht, sowie erntefrische Gemüsesorten lassen keine Wünsche offen.
Natürlich gibt es hier auch fast an jedem Stand hochwertiges Pesto und frische Pasta.**

Links: Koch-Großmeister Fabio Lelli und unser Freund Antonio Torcasso, die beide der Kochbewegung „Escoffier“ angehören. Unten: Fabio kocht in seinem Restaurant „Ulisse“ in Sanremo, das nun „il Boh!“ heißt, täglich frische Gerichte aus der gehobenen Küche Liguriens.

Trofie al pesto con patate e fagiolini

TROFIE MIT PESTO, KARTOFFELN UND GRÜNEN BOHNEN

Das Pesto genovese gilt als die wichtigste Pastasauce in Ligurien. Es ist weit über die Grenzen des Landes hinaus bekannt. Nach alter Tradition wird das Pesto noch immer von Hand mit dem Mörser zubereitet. Es eignet sich hervorragend zum Einfrieren und wer die Zutaten frisch zu Hause hat, hat im Nu ein schnelles Mittagessen parat.

ZUTATEN

160 g frisches Basilikum

1 Knoblauchzehe

60 g Parmesan

70 g Pecorinokäse

70 g Pinienkerne

150 ml natives Olivenöl extra

Salz

150 g Kartoffeln

150 g grüne Bohnen

320 g Trofie

Pfeffer aus der Mühle

Zubereitungszeit: ca. 30 Min.

Portionen: 4

ZUBEREITUNG

1 Die Basilikumblätter waschen und mit Küchenpapier trocken tupfen. Die Knoblauchzehe schälen und klein schneiden. Parmesan und Pecorinokäse in kleine Stücke schneiden.

2 Basilikum mit den Pinienkernen und der Hälfte des Olivenöls im Mixer pürieren. Knoblauch und die Käsesorten sowie restliches Olivenöl (75 ml) dazugeben und erneut pürieren. Zum Schluss mit Salz abschmecken.

3 Die Kartoffeln schälen, waschen und in kleine Würfel schneiden. Die Bohnen putzen, waschen und in etwa 5 cm kurze Stücke schneiden. Kartoffeln in Salzwasser 2 bis 3 Minuten kochen, die Pasta dazugeben, weitere 2 bis 3 Minuten kochen und die Bohnen hinzufügen. Insgesamt sollte alles nicht länger als 8 Minuten im Wasser sein, sodass die Pasta noch immer al dente ist, wenn sie in die Pfanne kommt.

4 Die Hälfte des Pestos mit ½ Kelle Nudelwasser in eine Pfanne geben. Auf mittlerer Stufe erhitzen und dann die Pasta, Kartoffeln und Bohnen mit einem Schaumlöffel direkt aus dem Nudelwasser zum Pesto in die Pfanne geben. Die Pasta soll dabei noch recht fest sein, sie wird in der Sauce fertig gegart. Nach Geschmack mehr Pesto dazugeben und mit Salz und Pfeffer würzen. Die Pasta zum Servieren nach Belieben mit frischen Basilikumblättern garnieren.

TIPP: Trofie sind gedrehte Nudeln mit spitz zulaufenden Enden. Die Trofie al pesto genovese werden in Italien als Vorspeise mit 80 g pro Person serviert. Als Hauptgang dürfen es durchaus 125 g pro Person sein.

DOMAINE
ST. EUGENE
CLASSIQUE

Ravioli ai sapori di mare al Fabio

RAVIOLI MIT MEERESFRÜCHTEN NACH FABIO

Bei einem großartigen Abendessen durften wir Großmeister Fabio in seinem Ristorante „Ulisse" in Sanremo in seiner Küche besuchen. Dieses Rezept war vorher nicht geplant. Und doch gehörte es zu den wahrscheinlich besten Pastagerichten, die ich seit Langem mit Fisch und Meeresfrüchten gegessen hatte.

ZUTATEN

350 g Mehl Type 00
4 Eier
natives Olivenöl extra
Salz
2–3 Tintenfischtuben
4–5 verschiedene weiße Fischfilets nach Wahl (kein Lachs)
2 Knoblauchzehen
1 kleines Bund glatte Petersilie
100 ml trockener Weißwein
abgeriebene Schale von 1 Bio-Zitrone
Pfeffer aus der Mühle
1 Eigelb
Paniermehl (nach Belieben)
2 Dosen San-Marzano-Tomaten
ca. 200 g Muscheln nach Wahl
150 g Garnelen

Zubereitungszeit: ca. 1 Std. plus Ruhezeit
Portionen: 4

ZUBEREITUNG

1 Das Mehl und die Eier miteinander vermengen, 1 Schuss Olivenöl und 1 Prise Salz dazugeben und alles zu einem homogenen Teig kneten. In Frischhaltefolie wickeln und 30 Minuten ruhen lassen.

2 Die Tintenfischtuben waschen, trocken tupfen und in Ringe schneiden. 2 bis 3 EL Olivenöl in einer Pfanne erhitzen und die Fischfilets darin andünsten. 1 Knoblauchzehe und 3 bis 4 Stiele Petersilie hinzufügen. Den Fisch mit der Hälfte des Weißweins ablöschen. Sobald der Wein verkocht ist, den Fisch aus der Pfanne nehmen. Knoblauch und Petersilie entfernen. Den Fisch mit etwas Zitronenschale aromatisieren und mit Salz und Pfeffer würzen. Das Eigelb verrühren und zum Fisch geben. Alles im Küchenmixer grob pürieren. Sollte die Masse zu weich sein, etwas Paniermehl unterrühren.

3 Den Pastateig mit der Nudelmaschine oder auf einer bemehlten Arbeitsfläche mit dem Nudelholz ausrollen. Den Teig in zwei Portionen teilen und diese zu Bahnen von ca. 1 bis 2 mm Dicke ausrollen. Die Fischmasse in einen Spritzbeutel geben und die Füllung alle 8 cm in der Größe eines 50-Cent-Stücks mittig auf den Teig spritzen. Den Teig der Länge nach zuklappen und dabei so andrücken, dass die Masse gut verschlossen ist. Mit einem runden Dessertring Ravioli ausstechen. Mit einem Tuch bedecken.

4 Die Tomaten in einer Schüssel mit den Fingern zerdrücken. 2 EL Olivenöl erhitzen, 1 Knoblauchzehe sowie 2 bis 3 Stiele Petersilie dazugeben. Die Muscheln darin anbraten. Mit dem restlichen Weißwein (50 ml) ablöschen und sobald eine Muschel sich öffnet, sofort herausnehmen. Die Tintenfischringe hineingeben und kurz anbraten. Die Garnelen hinzufügen und die Tomaten unterrühren. Die Hitze reduzieren. Mit Salz und Pfeffer würzen.

5 Die Ravioli in Salzwasser 2 bis 3 Minuten garen. Mit einem Schaumlöffel aus dem Wasser direkt in die Pfanne geben. Knoblauchzehe entfernen.
Die Pasta auf tiefen Tellern mit den Meeresfrüchten und Petersilie anrichten.

Branzino alla ligure

WOLFSBARSCH MIT OLIVEN

Ein wunderbares Fischgericht, das die besonderen Zutaten dieser Meeresregion vereint. Auch wenn der Aufwand dafür nicht gering ist, empfehle ich Ihnen, sich auf jeden Fall die besonderen Taggiasca-Oliven dafür zu besorgen. Ihr Geschmack ist einzigartig und sie machen dieses Gericht zu etwas ganz Besonderem.

ZUTATEN

ca. 1 kg Wolfsbarsch (küchenfertig, in Filets)
20 g Pinienkerne
30 ml natives Olivenöl extra
1 Knoblauchzehe
Salz
Pfeffer aus der Mühle
50 g Taggiasca-Oliven bzw. feine kleine, gemischte Oliven (ohne Stein)
2 Zweige Thymian

ZUBEREITUNG

1 Den Fisch unter fließendem Wasser abspülen und trocken tupfen. Die Pinienkerne in einer Pfanne ohne Fett kurz anrösten und herausnehmen. Das Olivenöl in der Pfanne erhitzen, die Knoblauchzehe dazugeben.

2 Die Fischfilets hinzufügen, mit Salz und Pfeffer würzen und bei mittlerer Hitze ca. 2 Minuten anbraten und ganz vorsichtig wenden, sodass sie nicht zerbrechen. Die Oliven hinzufügen und die Knoblauchzehe wieder entfernen. Thymian waschen, trocken schütteln und die Blätter abzupfen. Auf dem Fisch verteilen.

3 Den Fisch auf vorgewärmten Tellern nach Belieben auf Spinatblättern anrichten und mit den Pinienkernen bestreuen. Hierzu passen hervorragend Salzkartoffeln und ein frischer Spinatsalat.

TIPP: Taggiasca-Oliven werden aufgrund ihres Geschmacks sehr geschätzt: Er ist süß und harmonisch und hat eine leicht bittere Note.

Zubereitungszeit: ca. 15 Min.
Portionen: 4

Insalata nizzarda

NIZZA-SALAT

Anfangs wunderte ich mich über die Tatsache, dass man in Italien einen Nizza-Salat anbietet. Nachdem ich allerdings in Sanremo gewesen war, wurde mir erstmals bewusst, welche Verbindung zwischen Ligurien und Nizza besteht. Daher gehört dieser Salat ganz klar zu den klassischen Beilagen in Sanremo.

ZUTATEN

4 Eier
40 g Frühlingszwiebeln
250 g Cocktailtomaten
20 g Sardellen (in Öl; Abtropfgewicht)
140 g Thunfisch (in Öl; Abtropfgewicht)
300 g Blattsalat
100 g schwarze Oliven (ohne Stein)
natives Olivenöl extra (nach Geschmack)
Salz
Pfeffer aus der Mühle

ZUBEREITUNG

1 Die Eier in einen Topf geben, mit kaltem Wasser bedecken und bei mittlerer Hitze zum Kochen bringen. 7 Minuten nach Beginn des Kochens abgießen und abkühlen lassen. Die Eier pellen und vierteln. Frühlingszwiebeln putzen und den grünen Teil entfernen. Frühlingszwiebeln in dünne Scheiben schneiden.

2 Die Tomaten waschen und vierteln. Die Sardellenfilets abtropfen lassen und in kleine Stücke schneiden. Thunfisch abtropfen lassen. Den Salat putzen, waschen, trocken schleudern und in einer großen Schüssel von Hand zerkleinern, dann die Oliven und die Cocktailtomaten dazugeben. Die Frühlingszwiebeln, den Thunfisch und die Sardellen ebenfalls hinzufügen. Mit Öl, Salz und Pfeffer würzen. Alles gut vermischen und den Salat mit den Eiern belegen.

Zubereitungszeit: ca. 20 Min.
Portionen: 4

Carciofi imbrogliati

ARTISCHOCKEN-RÜHREI

Ligurien gehört neben anderen wie Toskana oder Sizilien zu einer der größten italienischen Artischocken-Anbauregionen. Die „betrogenen" Artischocken sind eine Gemüsebeilage, die es so gut wie in jeder Stadt Liguriens gibt. Artischocken sind eine der wichtigsten Gemüsesorten Italiens, aber jede Region hat ihre eigene Spezialität.

ZUTATEN

6 Artischocken

½ Zitrone

½ Zwiebel

natives Olivenöl extra

Salz

4 Eier

ZUBEREITUNG

1 Von den Artischocken den Stiel sowie die harten Blattspitzen abtrennen, die verbliebenen Blätter rund um den Artischockenboden abschneiden. Das „Heu" herauslösen und den Artischockenboden in Viertel schneiden. In Zitronenwasser legen.

2 Die Zwiebel schälen, fein hacken und in etwas Öl andünsten; Artischockenviertel dazugeben und dünsten. Nach etwa 5 Minuten salzen und weiterkochen, bis die Artischocken weich sind.

3 Die Eier in einer Schüssel mit einer Gabel verquirlen. Über die Artischocken gießen und leicht stocken lassen. Alles mit einem Löffel vermischen, aber darauf achten, dass die Eier nicht zu trocken werden. Die Artischocken können auch ohne Eier serviert werden. Dann die Artischocken mit etwas Wasser ablöschen, damit sie nicht austrocknen. Mit Salz abschmecken und sofort servieren.

Zubereitungszeit: ca. 25 Min.

Portionen: 4–6

Pandolce

SÜSSES BROT

Das „süße Brot“, das vor allem zur Weihnachtszeit in Ligurien gerne gebacken wird, ist im Vergleich zum Panettone ein wahres Kinderspiel, was die Zubereitung betrifft.

ZUTATEN

300 g Mehl Type 00

85 g weiche Butter

100 g Zucker

10 g Backpulver

1 Ei (Größe M)

Salz

80 ml Milch

80 g Zitronat

80 g Orangeat

20 g Pinienkerne

230 g Rosinen (ca. 30 Minuten in Wasser eingelegt)

ZUBEREITUNG

1 Mehl, Butter, Zucker und Backpulver in eine Schüssel geben. In der Küchenmaschine oder mit den Knethaken des Handrührgeräts verrühren. Das Ei und 1 g Salz dazugeben und alles zu einem Teig verrühren. Dabei die Milch langsam dazugießen. Etwas Milch übrig lassen.

2 Sobald der Teig kompakt ist, Zitronat, Orangeat und Pinienkerne dazugeben. Rosinen aus dem Wasser nehmen, trocken tupfen und ebenfalls zum Teig geben. Alles zusammen noch ein paar Sekunden durchkneten, bis alles gut vermischt ist.

3 Den Backofen auf 180 °C Ober- und Unterhitze vorheizen. Den Teig auf eine leicht bemehlte Arbeitsfläche geben und zu einem ovalen Kuchen von 3 cm Dicke und 10 cm Durchmesser formen. Ein Backblech mit Backpapier belegen. Mit einem langen Messer ein diagonales Gittermuster in den Kuchen drücken. Den Teig mit der restlichen Milch einpinseln. Den Kuchen im vorgeheizten Ofen auf der mittleren Schiene 45 Minuten goldbraun backen. Der Kuchen kann warm und kalt gegessen werden und ist luftdicht verschlossen 5 bis 7 Tage haltbar.

Zubereitungszeit: ca. 1 Std.

Portionen: 6–8

DIE BESTEN REZEPTE AUS

Piemonte

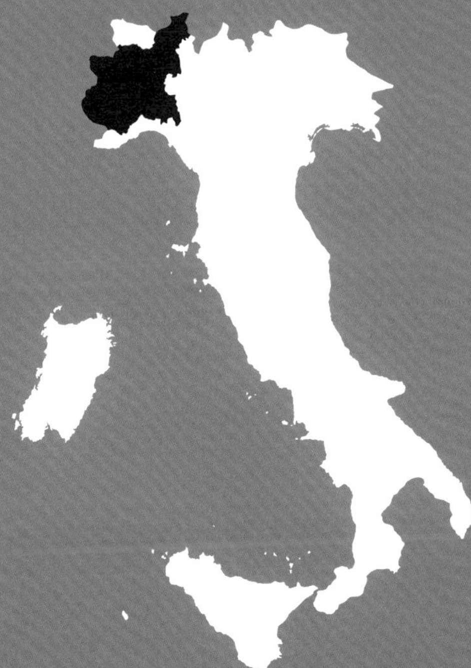

EINE REGION FÜR FEINSCHMECKER – EDLE WEINE, FEINE TRÜFFEL

Aus dem Piemont kommen die edelsten Produkte Italiens. Barolo, Nebbiolo, Barbera gehören zu den besten Weinen Italiens. Aber auch die edle Piemonteser Haselnuss sowie der weiße Alba-Trüffel sind absolute Premium-Produkte, die weltweit gefragt sind. Aus edlen Rindersorten werden hier „Carne cruda" oder „Vitello tonnato" gezaubert. Im Piemont konzentriert man sich auf das Wesentliche und nur selten findet man in den Restaurants andere Speisen als die traditionellsten der Region: Ravioli al plin, Brasato al Barolo, Tagliolini al tartufo, um nur ein paar der bekanntesten zu nennen.

Bagna cauda

KNOBLAUCH-SARDELLEN-SAUCE

Kein Familienessen im Piemont ohne diese Knoblauch-Sardellen-Sauce. Bagna cauda gilt – ähnlich wie ein Fondue – als Inbegriff der Geselligkeit und wurde im Laufe der Jahre zum festen Bestandteil der piemontesischen Küche. Es gibt verschiedene Versionen von kräftig bis mild. Heute serviert man sie zu allen Jahreszeiten, lange war sie aber vor allem in den kalten Monaten in einer Tonschale auf einer Kerze serviert worden und man tauchte verschiedene rohe und gekochte Gemüsesorten hinein und stellte daneben Brot und gekochte Eier.

ZUTATEN

4 Knoblauchzehen

80 g Butter

3 Sardellen

60 ml natives Olivenöl extra

Gemüse nach Wahl (z. B. Sellerie, Möhren, Fenchel)

ZUBEREITUNG

1 Den Knoblauch schälen und den inneren grünen Keim entfernen. Knoblauch fein schneiden. Mit der Butter in einem Topf bei schwacher Hitze andünsten. Der Knoblauch soll sehr weich werden und sich fast auflösen.

2 Die Sardellen grob schneiden und mit dem Olivenöl mischen. Ebenfalls mit in den Topf geben, alles gut mischen, bis eine kastanienbraune Sauce entsteht.

3 Zum Dippen Gemüse der Saison wählen, das man sowohl kalt als auch warm essen kann. Für diese Variante des Antipasto eignen sich auch gegrillte Gemüsesorten.

Zubereitungszeit: ca. 15 Min.

Portion: 1

Tajarin al tartufo bianco

TAGLIOLINI MIT WEISSEM TRÜFFEL

Von Tagliolini oder Tajarin gibt es im Piemont ganz verschiedene Versionen. In einer ganz speziellen werden bis zu 50 Eigelbe in 1 kg Hartweizengrieß verarbeitet, was dafür sorgt, dass die Pasta am Ende sattgelb wird und man den Geschmack der Eier ganz klar herausschmeckt.

ZUTATEN

350 g Mehl (Type 0 oder 00)

100 g feiner Hartweizengrieß

9 Eigelb

1 EL natives Olivenöl extra

Salz

70 g sehr kalte Butter

weißer Trüffel (nach Belieben)

Pfeffer aus der Mühle

ZUBEREITUNG

1 Mehl und Hartweizengrieß miteinander mischen, die Eigelbe und das Olivenöl dazugeben und alles zu einem homogenen Teig kneten. Ist der Teig zu trocken, weitere Eigelbe einarbeiten bzw. ganz wenige Tropfen Wasser. Den Teig in Frischhaltefolie wickeln und ca. 1 Stunde im Kühlschrank ruhen lassen.

2 Den Teig mit der Nudelmaschine oder dem Nudelholz dünn ausrollen und in 15 bis 20 cm lange Bahnen schneiden. Die Teigbahnen auf Küchenhandtüchern ausbreiten und 10 Minuten trocknen lassen. Anschließend jede Bahn von beiden Seiten mit Mehl bestäuben und wie einen Strudel einrollen. Daraus mit einem scharfen Messer 2 bis 3 mm breite Nudelstreifen schneiden. Nochmals auf Küchentüchern etwas trocknen lassen, aber nicht zu lange, da sie schnell brechen können.

3 Salzwasser zum Kochen bringen. Gleichzeitig etwas kalte Butter in einer Pfanne nur leicht erhitzen. Die Pasta für etwa 2 Minuten in das Nudelwasser geben und von dort direkt mit der Nudelzange zur Butter in die Pfanne geben. Die Pasta in der Pfanne schwenken und dann die sehr kalte Butter mit einer Käsereibe darüberreiben und die Pasta dabei immer wenden. Dabei entsteht eine schöne cremige Sauce. Anschließend den Trüffel darüberhobeln und mit etwas Pfeffer würzen.

Zubereitungszeit: ca. 1½ Std

Portionen: 4

Agnolotti del plin

KLEINE GEFÜLLTE TEIGTASCHEN

Neben den Tajarin (Tagliolini) sind die Agnolotti, die man grundsätzlich zu den Ravioli zählt, wohl die wichtigste Form der Pasta im Piemont. Kenner mögen die Agnolotti del plin (benannt nach einem und geformt wie ein Bauchnabel) so pur und neutral wie möglich. Am besten ohne Sauce, einfach nur in Butter geschwenkt, werden die Agnolotti del plin in manchen Feinschmeckerrestaurants sogar einfach nur auf einer Stoffserviette serviert. Es gibt Versionen, bei denen gekochter Reis und/oder gekochte Wirsingblätter mit in die Masse eingearbeitet werden.

ZUTATEN

Für die Füllung:

100 g Schweinefleisch (aus der Schulter)
100 g Kalbfleisch (aus der Schulter)
100 g Kaninchenfleisch (wahlweise Huhn, allerdings kein Originalrezept)
1 Zwiebel
1 Knoblauchzehe
2–3 EL natives Olivenöl extra
1 Zweig Rosmarin • 1 Lorbeerblatt
Salz • Pfeffer aus der Mühle
ca. 100 ml heiße Rinderbrühe
50 g gekochter Spinat
50 g geriebener Parmesan
2 Eier

Für den Teig:

300 g Mehl Type 00
3 Eier • Salz
natives Olivenöl extra
1–2 EL Butter
2–3 Salbeiblätter

Zubereitungszeit: ca. 2 Std.
Portionen: 4

ZUBEREITUNG

1 Für die Füllung das Fleisch in kleine Stücke schneiden. Zwiebel und Knoblauch schälen, klein hacken und in der Pfanne mit dem Olivenöl andünsten. Das Fleisch dazugeben und anbraten. Rosmarin und Lorbeer dazugeben und mit Salz und Pfeffer würzen. Bei schwacher Hitze ca. 1 ½ Stunden simmern lassen. Immer wieder löffelweise Rinderbrühe dazugeben. Am Ende der Garzeit Rosmarin und Lorbeer entfernen.

2 Den gekochten Spinat in die Fleischmasse geben und alles gut mischen. Die Masse im Mixer fein pürieren, den geriebenen Parmesan und die Eier dazugeben und unterrühren. Mit Salz und Pfeffer abschmecken.

3 Für den Pastateig das Mehl in eine Schüssel geben, die Eier sowie 1 Prise Salz und 1 Schuss Olivenöl dazugeben. Alle Zutaten miteinander mischen und den Teig am besten mit den Händen mindestens 10 Minuten zu einem homogenen Teig kneten. Die Teigkugel in Frischhaltefolie wickeln und 1 Stunde im Kühlschrank ruhen lassen.

4 Die Arbeitsfläche mit Mehl bestreuen und den Teig mit einer Nudelmaschine oder dem Nudelholz in hauchdünne, etwa 6 cm breite Bänder ausrollen und auf das Mehl legen. Die Füllung mit einem Spritzbeutel (oder einem Teelöffel) in haselnussgroßen Portionen in Abständen von ca. 5 cm auf die untere Seite des Bandes platzieren. Die obere Seite dann darüberklappen, sodass der komplette Teig die Masse bedeckt und abschließt. Den Teig um die Füllung herum andrücken. Mit einem Teigrädchen in Ravioli teilen und anschließend den Teig zwischen dem Zeigefinger drehen und so zusammendrücken, dass daraus eine Art Tortellini wird.

5 Die Agnolotti in Salzwasser 2 bis 3 Minuten kochen lassen und anschließend in einer Pfanne in der Butter mit einigen Salbeiblättern schwenken.

Panissa vercellese

RISOTTO MIT BOHNEN UND SALSICCIA

Panissa ist eines der besonderen traditionellen Gerichte, das überwiegend da zubereitet wird, wo der Reis im Piemont am häufigsten angebaut wird. Eine besondere Version dieses Klassikers, der normalerweise mit Bohnen und einer weichen Salami, die sich Duja nennt, gemacht wird, habe ich im Ort Vercelli gegessen. Diese Version war mit Salsiccia und ich war sofort begeistert. Die Zugabe von Wurst und Fleisch ist natürlich nicht zwingend notwendig und dann wird dieses Gericht schnell vegetarisch oder gar vegan. Fleischfreunde können außerdem für den Geschmack zu Beginn in der Pfanne 50 g klein gewürfelten Speck oder Lardo auslassen.

ZUTATEN

1 Schalotte

1–2 EL natives Olivenöl extra

1 EL Tomatenmark

100 g frische Salsiccia

300 g Risotto-Reis (Carnaroli)

150 ml fruchtiger Rotwein (z. B. Barbera, Dolcetto, Merlot)

150 g Borlotti-Bohnen (aus der Dose)

1 l heiße Gemüsebrühe

1–2 EL kalte Butter

Salz

Pfeffer aus der Mühle

ZUBEREITUNG

1 Die Schalotte schälen und in kleine Würfel schneiden. Das Olivenöl in einer Pfanne erhitzen und die Schalotte darin bei schwacher Hitze andünsten. Wer sich für die Speckversion entscheidet, kann die Schalotte zusammen mit dem Speck andünsten (siehe oben).

2 Das Tomatenmark einrühren und die Salsiccia mit anbraten. Den Reis dazugeben. Alles gut miteinander mischen und anrösten. Mit dem Wein ablöschen. Die Bohnen in einem Sieb abtropfen lassen und hinzufügen. Nach und nach die heiße Brühe mit einer Schöpfkelle dazugeben.

3 Sobald der Reis al dente ist, die kalte Butter unterrühren und das Risotto zum Schluss mit Salz und Pfeffer abschmecken.

Zubereitungszeit: ca. 20 Min.

Portionen: 4

Carne cruda all'albese

RINDFLEISCHTATAR AUS ALBA

Eines der Gerichte aus der Langhe- und Cuneo-Gegend, das eigentlich auf keiner Speisekarte fehlen darf. Es gibt verschiedene Versionen, doch alle haben gemein, dass wirklich sehr frisches Rinderfilet mit einem scharfen Messer so fein wie möglich gehackt bzw. zu einem Tatar geschnitten wird. Je nach Gegend serviert man dieses Tatar dann auf Rucola bzw. so puristisch wie möglich mit einem Eigelb vom Huhn oder der Wachtel und/oder gerade in Alba mit frischem Trüffel. Die Krönung ist dabei der weiße Trüffel, der im Winter darübergehobelt wird.

ZUTATEN

ca. 600 g frisches Rinderfilet

4–5 EL natives Olivenöl extra

Saft von 1 Zitrone

1 Knoblauchzehe

Salz

Pfeffer aus der Mühle

etwas Rucola zum Garnieren

4 Eigelb (nach Belieben)

80 g Trüffel (königlich ist weißer Trüffel; nach Belieben)

Zubereitungszeit: ca. 10 Min.

Portionen: 4

ZUBEREITUNG

1 Das Rinderfilet mit einem sehr scharfen Messer zuerst in dünne Scheiben und dann in feine Würfel schneiden.

2 Olivenöl mit dem Zitronensaft mischen. Die Knoblauchzehe schälen und sehr fein hacken, in die Marinade geben. Mit Salz und Pfeffer abschmecken und das gehackte Rindfleisch damit marinieren.

3 Das Tatar auf vier Teller verteilen und mit dem Rucola garnieren. Wahlweise jeweils 1 Eigelb daraufsetzen oder je 20 g Trüffel darüberhobeln. Schmeckt ebenfalls einfach nur mit etwas grob gemahlenem Pfeffer.

TIPP: Wird das Fleisch 30 Minuten ins Gefriergerät gelegt, lässt es sich besser und leichter in gleichmäßige Stücke schneiden.

Nocciole d'Elite produziert seit mehr als 50 Jahren im Piemont geröstete Haselnüsse und Haselnusscremes der absoluten Spitzenklasse.

Sorgfalt und Liebe sind die Grundlagen bester Qualität: Der Chef, Emanuele Canaparo, prüft und wählt die perfekten Haselnüsse aus.

Im Consorzio Gorgonzola DOP durfte ich bei der Produktion dieses unverwechselbaren Käses dabei sein. Signore Stefano Fontana (links), der Präsident des Consorzio, hat mich höchstpersönlich in seinen heiligen Hallen empfangen.

Maria Pia Revello und ihr Mann Faustino Porcu betreiben das B&B Casa in Barolo. Wir haben uns vor vielen Jahren angefreundet. Marias Brasato al Barolo ist der beste, den ich jemals gegessen habe.

Bollito misto

GEMISCHTER FLEISCHTOPF

Der Fleischeintopf gehört zu den wichtigsten traditionellen Speisen des Piemonts. Bei diesem Gericht hat fast jede Familie ihre eigene Version und nimmt besondere Fleischstücke, die dafür ausgewählt werden. Neben Rindfleisch kann auch noch Kalbfleisch hineinkommen sowie Schweinefuß (Zampone) oder Schweinswurst (Cotechino). Durch das lange Garen wird die Brühe besonders geschmacksintensiv.

ZUTATEN

1 große Zwiebel
4 Möhren
4 Stangen Staudensellerie
je 1 Zweig Thymian und Rosmarin
natives Olivenöl extra
Salz
2–3 Salbeiblätter
2 Lorbeerblätter
2 Gewürznelken
1 Stück Rinderkeule
(ohne Knochen, ca. 1 kg)
1 Stück Rinderbrust (ca. 1 kg)
1 kleines küchenfertiges Huhn
(wahlweise 1 kleines Kaninchen)
4 Bratwürste oder Salsiccia
Pfeffer aus der Mühle

ZUBEREITUNG

1 Die Zwiebel schälen, Möhren und Sellerie schälen bzw. waschen und grob schneiden. Die Kräuter waschen, trocken schütteln und hacken.

2 Das Gemüse mit etwas Olivenöl in einem großen Topf anbraten, Thymian und Rosmarin dazugeben. Mit 2 ½ l Wasser auffüllen und mit Salz würzen. Salbei-, Lorbeerblätter und Gewürznelken hinzufügen. Rinderkeule und -brust mit in den Topf geben und ca. 1 ½ Stunden bei schwacher Hitze köcheln lassen.

3 Danach das Huhn in mehrere Teile zerlegen, ebenfalls dazugeben und 1 weitere Stunde köcheln lassen. Wichtig, das Fleisch regelmäßig kontrollieren, damit es nicht zerfällt und zu weich wird.

4 Dann die Würste dazugeben und weiterköcheln lassen, bis sie weich sind. Sobald alles gut gekocht und durchgezogen ist, die Fleischstücke auf Teller verteilen, etwas Brühe darübergeben und mit Pfeffer würzen. Brot oder Kartoffeln dazu servieren. Dazu passt ebenfalls sehr gut Bagna cauda (siehe S. 152) oder eine Salsa verde (siehe Tipp).

TIPP: Die Salsa verde, eine grüne Sauce, besteht aus 100 g Petersilie, 1 Knoblauchzehe, 3 Sardellenfilets, 1 EL Kapern, 70 g altem Brot oder Paniermehl, 2 gekochten Eigelben, 100 ml Olivenöl und 50 ml Weißweinessig: Das Brot ohne Kruste im Essig einweichen. Knoblauch schälen. Sardellen abtropfen lassen. Petersilie waschen und hacken. Alle Zutaten klein schneiden, vermischen und mit einer Gabel zerdrücken oder mixen. Olivenöl unterrühren. Es gibt auch Varianten ohne Brot und Eier.

Zubereitungszeit: ca. 3 Std.
Portionen: 4–6

Brasato al Barolo alla Maria Revello

RINDERBRATEN IN BAROLO

Schon seit einigen Jahren bin ich Gast im B&B Casa di Barolo von Maria und ihrem Mann Faustino. Ich hatte das große Glück, mit Faustino auf Trüffelsuche gehen zu können, und abends gab es dann Marias bekannten Rinderbraten, lange geschmort in bestem Barolo. Marias Geheimnis sind die Speckwürfel und eine ganz kleine Prise Peperoncino.

ZUTATEN

3 Zwiebeln
2 Stangen Staudensellerie
2 Möhren
1,3 kg Rinderbraten von guter Qualität (aus Nuss oder Unterschale)
3 Gewürznelken
1 Zweig Rosmarin
3 Lorbeerblätter
1 Flasche Barolo- oder Nebbiolo-Wein
natives Olivenöl extra
4 fein gehackte Speckscheiben
Salz
Pfeffer aus der Mühle
1 Prise gehackter Peperoncino

Zubereitungszeit: ca. 4 Std. plus Marinierzeit
Portionen: 4–6

ZUBEREITUNG

1 Das Gemüse schälen bzw. waschen und in Würfel schneiden. Das Fleisch in eine Schüssel geben, Gemüse, Nelken, Rosmarin und Lorbeerlätter dazugeben und mit dem Wein aufgießen. Das Fleisch mindestens 12 Stunden in der Marinade im Kühlschrank ruhen lassen und mehrmals wenden.

2 Das Fleisch aus der Marinade nehmen, abtropfen lassen und mit Küchenpapier gut trocken tupfen, mit Küchengarn in Form binden, damit es beim Garen nicht auseinanderfällt. Das Gemüse ebenfalls herausnehmen, abtropfen lassen und beseitestellen.

3 Etwas Olivenöl in einer Pfanne mit Deckel oder einem Bräter mit dem Speck erhitzen. Das Fleisch mit Salz und Pfeffer gut einreiben und in der Pfanne von allen Seiten anbraten, bis sich eine knusprige Kruste bildet. Das Gemüse hinzufügen und etwas anbraten. Den Wein aus der Marinade dazugeben und alles mit Salz, Pfeffer und Peperoncino würzen.

4 Den Braten zugedeckt bei sehr schwacher Hitze unter gelegentlichem Wenden mindestens 3 bis 3½ Stunden garen, bis das Fleisch zart ist. Es ist gar, wenn man mit einer Gabel leicht hineinstechen kann.

5 Das Fleisch herausnehmen und das Garn entfernen. Den Bratensaft durch ein Sieb in einen Topf gießen und mit dem Stabmixer pürieren. Ist die Sauce noch zu flüssig, noch etwas einkochen lassen. Mit Salz und Pfeffer abschmecken.

6 Das geschmorte Fleisch in die Sauce legen und 1 Stunde ruhen lassen. Es sollte nicht heiß aufgeschnitten werden, da sonst die Scheiben auseinanderfallen. Den Braten in 6 mm bis 1 cm dicke Scheiben schneiden. Die Sauce noch mal erhitzen, den Braten anrichten und die Sauce darübergießen. Mit einer Beilage nach Wahl, z.B. Rosmarinkartoffeln (siehe S. 124) anrichten.

Finocchi alla piemontese

ÜBERBACKENER FENCHEL

Das ist ein Klassiker aus der piemontesischen Küche und ein typisches Gericht, das alle Mütter und Großmütter im Piemont mit viel Liebe zubereiten. Es eignet sich nicht nur als Gemüsebeilage, sondern auch sehr gut als vegetarischer Hauptgang.

ZUTATEN

4 Fenchelknollen

Salz

50 g Butter

100 g Fontina-Käse

frisch geriebene Muskatnuss

Milch (nach Belieben)

ZUBEREITUNG

1 Den Fenchel putzen, den harten Strunk entfernen, Fenchel waschen und vierteln. 15 Minuten in reichlich Salzwasser kochen und abgießen. Den Backofen auf 180 °C Ober- und Unterhitze vorheizen.

2 Eine Auflaufform mit Butter einfetten. Eine Schicht Fenchel darin verteilen. Darauf eine Schicht Fontina-Käse geben und mit Butterflöckchen belegen. So fortfahren, bis alle Zutaten aufgebraucht sind. Die letzte Schicht mit Muskatnuss bestreuen und den Fenchel im vorgeheizten Ofen goldbraun backen.

3 Sollte die Oberfläche zu trocken werden, mit Milch befeuchten.

Zubereitungszeit: ca. 25 Min.

Portionen: 4

Caponèt di zucchine

GEFÜLLTE ZUCCHINIBLÜTEN

Gefüllte Zucchiniblüten gibt es in der Saison, Juni und Anfang Juli, in ganz Italien. Im Piemont nennt man diese Involtini auch Caponèt. Sie sind eine wunderbare Gemüsebeilage. Man kann sie auch nach dem Füllen panieren und frittieren und daraus noch mal ein ganz eigenständiges Gericht zubereiten.

ZUTATEN

300 g gemischtes Hackfleisch
natives Olivenöl extra
2 Knoblauchzehen
100 ml Brühe oder Weißwein
einige Blätter glatte Petersilie
einige Basilikumblätter
100 g weiche Salami
2 Eigelb
1 Handvoll geriebener Parmesankäse
Salz
Pfeffer aus der Mühle
18 Zucchiniblüten

ZUBEREITUNG

1 Das Hackfleisch in einer Pfanne mit etwas Öl und 1 ganzen geschälten Knoblauchzehe etwa 10 Minuten anbraten, Brühe oder Weißwein hinzufügen. Knoblauch wieder entfernen.

2 Die zweite Knoblauchzehe schälen und zusammen mit der Petersilie und dem Basilikum hacken. Die Salami in kleine Würfel schneiden und in einer Schüssel zusammen mit Knoblauch, Kräutern, dem gebratenen Hackfleisch, den Eigelben und dem geriebenen Parmesan mischen. Mit Salz und Pfeffer abschmecken.

3 Die Zucchiniblüten vorsichtig waschen und trocken tupfen, etwas aufbiegen und die Blütenstempel herausschneiden oder herausdrehen. Die Blüten mit der Hackfleischmischung füllen. Die Enden der Blütenblätter nach innen falten. Die Zucchiniblüten in heißem Öl anbraten oder frittieren, mit Salz bestreuen und heiß servieren.

TIPP: Die gefüllten Zucchiniblüten lassen sich auch ganz einfach vegetarisch abwandeln. Dazu ersetzen Sie das Hackfleisch und die Salami einfach durch 250 g Ricotta und 100 g blanchierten Spinat.

Zubereitungszeit: ca. 25 Min.
Portionen: 6

Bonèt

PIEMONTESER PUDDING

Der Puddingkuchen aus Amaretti gehört zu den wichtigsten Desserts im Piemont und ist die Krönung eines üppigen Mahls. Dieses „Dolce" fehlt auf keiner Speisekarte. Im Piemont wird der Pudding auch „Bunèt" ausgesprochen.

ZUTATEN

10 Eigelb (Größe M)

250 g Zucker

100 g Amaretti

50 g ungesüßtes Kakaopulver

100 ml brauner Rum

700 ml Milch

Zubereitungszeit: ca. 1 Std.

Portionen: ca. 10

ZUBEREITUNG

1 Den Backofen auf 180 °C Ober- und Unterhitze vorheizen. Die Eigelbe mit 150 g Zucker cremig rühren. Die Amaretti im Mixer sehr fein mahlen, größere Stücke entfernen. Einen Teil für die Dekoration beiseitestellen. Den Kakao mit den Amaretti mischen.

2 In der Zwischenzeit die restlichen 100 g Zucker in einem kleinen Topf ohne Zugabe von Öl oder Ähnlichem erhitzen. Sobald der Zucker sich komplett aufgelöst hat und sich leicht braun verfärbt, den Topf von der Kochstelle nehmen.

3 Den Rum zur Eiercreme geben, das Amarettimehl mit dem Kakao und die Milch hinzufügen. Alles gut miteinander vermischen.

4 Den Karamell in eine rechteckige Backform (ca. 25 × 11 cm) geben. Der Karamell soll den kompletten Boden bedecken. Anschließend die Bonèt-Masse vorsichtig darauf verteilen.

5 Eine große Auflaufform mit Wasser füllen, sodass die Backform hineinpasst und zu zwei Dritteln im Wasser steht. Den Pudding im vorgeheizten Ofen 45 bis 50 Minuten garen, bis er eine feste Konsistenz erreicht hat. Darauf achten, dass das Wasser nicht kocht. Den Bonèt aus dem Backofen nehmen, etwas abkühlen lassen und vorsichtig auf einen großen Teller stürzen. Den Pudding komplett abkühlen lassen.

TIPP: Der Bonèt kann im Kühlschrank aufbewahrt werden. Vor dem Servieren dann die Form in heißes Wasser tauchen, damit sich der Karamell wieder verflüssigt und der Pudding sich stürzen lässt.

Torta di nocciole piemontese

PIEMONTESER NUSSTORTE

Mit den besten Haselnüssen aus der Region ist dieser Kuchen das Aushängeschild der süßen Küche und Backstube im Piemont. Das Hauptmerkmal liegt auf den Nüssen, die im Ofen geröstet und dann enthäutet werden. Das gibt dem Kuchen seinen intensiven Nussgeschmack.

ZUTATEN

220 g geröstete, gehackte Haselnüsse

170 g Zucker

80 g Mehl Type 00

100 g Butter

3 Eier

1 Päckchen Backpulver

50 g ungesüßtes Kakaopulver

Puderzucker zum Bestreuen

ZUBEREITUNG

1 Haselnüsse in einem Mixer fein mahlen. Das Haselnussmehl mit der Hälfte des Zuckers mischen und das Mehl dazugeben.

2 Die Butter erhitzen und flüssig werden lassen. Die Eier trennen und in einer kleinen Schüssel die Eigelbe mit dem restlichen Zucker (85 g) zu einer Creme verrühren. Die flüssige Butter untermischen und in diese Creme die Mehlmischung einarbeiten.

3 Die Eiweiße zu Eischnee schlagen und ebenfalls unter die Creme heben. Das Backpulver mit dem Kakao mischen und nach und nach vorsichtig in die Creme rühren, sodass sie nicht zusammenfällt.

4 Den Backofen auf 170 °C Ober- und Unterhitze vorheizen. Eine Backform (26 cm ø) einfetten und den Kuchen hineingeben. Im vorgeheizten Ofen 30 bis 40 Minuten backen.

5 Der Kuchen soll braun und saftig werden. Den gebackenen Kuchen abkühlen lassen und mit Puderzucker bestreuen. Man kann auch vor dem Backen den Kuchen mit weiteren gerösteten, gehackten Nüssen bestreuen und diese mitbacken.

Zubereitungszeit: ca. 1 Std.

Portionen: 8

REZEPTREGISTER

ITALIENISCHES REZEPTREGISTER

REGISTER NACH ZUTATEN

IL MENU

ANTIPASTI

PRIMI PIATTI

SECONDI PIATTI

CONTORNI

DOLCI

Danke!

Wer hätte gedacht, dass mein erstes Buch so ein Erfolg werden würde und dass ich noch ein zweites Buch schreiben würde. Auch dieses Mal ist es wirklich ein tolles Buch geworden und das ging eben nur, weil auch wieder viele Menschen dabei geholfen haben.

Zuerst möchte ich mich bei meinen Kindern bedanken. Dafür, dass sie an mich glauben und dass sie mich jeden Tag daran erinnern, wofür es sich zu arbeiten lohnt. Danke Juanito, Guliano und Santino.

Danke Katarina, dass wir heute noch so gute Freunde sind und dass du mir auch in diesem Buch wieder als Freundin und Beraterin zur Seite standest und zwischendurch sogar als Fotografin.

Danke meinen Freunden und meiner Familie, meinen Brüdern Antonio und Andre und natürlich meiner lieben Mutter Gabriele, die nach wie vor immer für mich da ist.

Ich danke auch dieses Mal dem gesamten Team vom ZS Verlag für ihre Geduld und den Glauben an meine Projekte. Ich bedanke mich bei allen, die an der Entwicklung des Buches mitgewirkt haben.

Dem Fotografen-Team danke ich für die wunderbaren Foodfotos und allen Freunden, Familien und Produzenten in Italien, die ich auf dieser Reise besuchen durfte.

Im Piemont: Goielle vom Risorgimento, der Azienda Nocciole d'Elite, Maria Revello und Faustino Porcu vom B&B Casa in Barolo, Marchesi di Barolo, Christine Kluge, Massimo Mosca für die guten Tipps, dem Consorzio Gorgonzola und „I love Italian Food"

In Friaul-Julisch-Venetien: Salumi Morgante, Oro Caffè und der Familie Toppano, Luigi Cucci, Consorzio Asiago und Stefan Maiwald

In der Lombardei: Beate Giacovelli für tolle Tipps über die Region und dem Ristorante „DA MIMMO"

In Südtirol: Waltraud Eder und ihrem Mann, dem Restaurant „Ladurner" bzw. Familie Oberprantacher, Ines Weissensteiner-Wiessler für tolle Tipps

In Ligurien: unserem Freund aus Kalabrien Antonio Torcasso, Ristorante „Ulisse", Ristorante „Roma"

Im Veneto: unserer lieben Freundin Monica Zorzetto, der Trattoria „Ai Vetrai" in Murano, Luca vom Consorzio Asiago und dem Caseificio Pennar

In der Emilia-Romagna: der Essigmanufaktur La Vecchia Dispensa, Franco Cimini, Donata und Nicola Giustino, dem Team der „Antica Osteria del Mirasole", Alessandro Marino und dem l'Eglise Café

Ich widme dieses Buch meinem verstorbenen Vater Salvatore Gentile 22. Mai 1949 – 3. Mai 2021.
Ruhe in Frieden!

ZUM AUTOR

Domenico Gentile liebt seit jeher die italienische Küche. Als Sohn eines kalabrischen Vaters verbrachte er als Kind die Sommer in Süditalien. Dort schaute er am liebsten seiner Tante Catharina beim Kochen über die Schulter. Da seine Familie Landwirtschaft betreibt, war er schon in jungen Jahren bei der Olivenernte dabei und half Sugo einzukochen. Diese Erfahrungen prägten ihn sehr. 2014 rief er den Blog „Cooking Italy" ins Leben. Als größter italienischer Foodblog Deutschlands zählt er monatlich 250.000 Aufrufe. Er ist zudem als Foodscout tätig und fungiert als Bindeglied für italienische Unternehmen in Deutschland.

1. Auflage 2022
© 2022 Edel Verlagsgruppe GmbH
Kaiserstraße 14 b
D-80801 München
ISBN: 978-3-96584-218-2

FOOD FOTOS

Im Buch enthaltene Fotos können zur eigenen Nutzung erworben werden unter ***www.stockfood.de***

IMPRESSUM

Hinter jedem tollen Buch steckt ein starkes Team

Projektleitung: *Isabella Thiel*
Rezepte und Texte: *Domenico Gentile*
Lektorat: *Edelgard Prinz-Korte*
Grafisches Konzept: *Geela Eden*
Grafische Gestaltung und Satz: *Irene Schulz*
Illustrationen: *siehe Bildnachweis*
Reisefotografie: *Domenico Gentile, andere siehe Bildnachweis*
Foodfotografie: *Maria Grossmann, Monika Schuerle*
Foodstyling: *Lukas Grossmann*
Herstellung: *Frank Jansen*
Producing: *Jan Russok*
Druck & Bindung: *optimal media GmbH, Röbel*

BILDNACHWEIS

Cover: Shutterstock: Vivida Photo PC (Motiv); AVA Bitter (Schürze); **Inhalt**: Illustrationen: Shutterstock: Filip Bjorkman: Karte; Ku_suriuri: Oliven; Bilder: Monika Nussbauer: 182; Privat: 181; Shutterstock: Alessandro Cristiano: 150 (u.l.); Andreas Krumwiede: 8 (M.l.); Anton Watman: 128 (M.r.); artem evdokimov: 128 (M.l.); Banauke: 56 (o.M.); barbajones: 104 (M.r.); bellena: 32 (u.l.); Butterfly media: 32 (M.r.); Catarina Belova: 56 (o.r.), 104 (u.l. + o.l.); ermess: 125; Fabio Lotti: 32 (u.r.); Filippo Bellantoni: 150 (M.l.o.); FilippoPH: 104 (M.l.); Giorgio1978: 150 (u.r.); iacomino FRiMAGES: 104 (u.r.); Jan Cattaneo: 80 (u.l.); leoks: 104 (o.r.); m.bonotto: 80 (M.l.); Matteo Zannoni: 7 (M.); Michele Ursi: 150 (M.l.u.); MicheleRossetti: 80 (r.M.); Parlanteste: 8 (o.M.); pixel creator: 80 (o.r.); Rasto SK: 8 (u.M.); Rene Hartmann: 80 (l.M.); Rostislav Glinsky: 150 (ganz u.l.); SkandaRamana: 8 (u.l.); skostep: 90 (o.); Stefano Termanini: 56 (M.l.), 80 (o.l.); Viacheslav Lopatin: 80 (u.r.); Vladimir Sazonov: 8 (o.l.); Whatafoto: 128 (u.l.); xbrchx: 32 (M.l. + o.); Zdenek Matyas Photography: 150 (o.); Zeitgugga6897: 17 (M.r.)

LIEBE LESER*INNEN

wie schön, dass Sie ein Buch von ZS in den Händen halten. „jetzt leben!“ ist das Motto unseres Verlages. Es steht für Genuss und Inspiration, Unterstützung und Motivation. Ob Kulinarik oder Fitness, Gesundheit oder Lebenshilfe – seit über 30 Jahren bieten wir kompetente Ratgeber für (fast) alle Lebenslagen. Wir lieben Tradition genauso wie Innovation – sie treiben uns an. Unsere Autor*innen sind Menschen, die zu ihrem Thema wirklich etwas zu sagen und zu schreiben haben. Unsere Produkte sind erzählerisch, appetitmachend und als gedruckte Bücher haptisch echte Erlebnisse. Für Sie mit ganz viel Liebe gemacht! Entdecken Sie mehr aus unserer wunderbaren Welt!

UNSER VERLAGSHAUS

Mit Standorten in München, Hamburg und Berlin zählt die Edel Verlagsgruppe zu den größten unabhängigen Buchanbietern Deutschlands. Zur Edel Verlagsgruppe gehört unter anderem ZS mit seinen Lizenzmarken Dr. Oetker Verlag, Kochen & Genießen und Phaidon by ZS.

ZS - Ein Verlag der Edel Verlagsgruppe
www.zsverlag.de
www.facebook.com/zsverlag
www.instagram.com/zsverlag

FÜR DIE UMWELT

ZS unterstützt bei der Produktion dieses Buches das Projekt „Junge Riesen für die nächsten 100 Jahre“ im Naturpark Nossentiner/Schwinzer Heide. Damit wird ein Anteil der unvermeidbaren CO_2-Emissionen im direkten Umfeld des Produktionsstandortes kompensiert.

PARTNER
Naturpark Nossentiner/Schwinzer Heide
www.optimal-media.com/naturschutzprojekt-001

NEWSLETTER

Was koche ich denn heute Feines? Und wie geht das nochmal – schmackhaft und gleichzeitig gesund?

Mit dem ZS Newsletter keine kulinarischen und gesundheitlichen Trends mehr verpassen und immer auf dem neuesten Stand bleiben. Wir informieren regelmäßig über unsere Neuerscheinungen, Aktionen oder Gewinnspiele und verraten unsere Lieblingsrezepte!

ANMELDEN!

Jetzt anmelden unter:
www.zsverlag.de/newsletter

GEWINNEN

Unter allen Neuabonnierenden verlosen wir jeden Monat eine *Gesundheits-* oder *Koch-Box* von ZS.